Aspekte der Innenentwicklung
in der städtebaulichen Planung

Aspekte der Innenentwicklung in der städtebaulichen Planung

Herausgegeben von Willy Spannowsky und Andreas Hofmeister

DER JURISTISCHE VERLAG
lexxion
BERLIN

Bibliografische Information der Deutschen Nationalbibliothek

Die Deutsche Nationalbibliothek verzeichnet diese Publikation in der Deutschen Nationalbibliografie; detaillierte bibliografische Daten sind im Internet über http://dnb.d-nb.de abrufbar.

ISBN: Print 978-3-86965-176-7
E-Book 978-3-86965-177-4

www.lexxion.de

Umschlag: Tozman Satz & Grafik
Satz: typossatz GmbH, Berlin

Vorwort

Der Tagungsband fasst die Beiträge der wissenschaftlichen Fachtagung zum Thema „Innenentwicklung und Nutzung von erneuerbaren Energien im Fokus von Bauleitplanung und Raumordnungsplanung" zusammen, die am 22.3.2011 an der Technischen Universität Kaiserslautern durchgeführt wurde.

Vor dem Hintergrund der anstehenden Novellierung des BauGB und der BauNVO sowie des neuen ROG, das am 30.6.2009 in den Bundesländern in Kraft getreten ist, wurden auf der Fachtagung Themen behandelt, die wegen der hohen Aktualität in der Rechtsentwicklung und Planungspraxis eine herausragende Bedeutung für Städte und Gemeinden einnehmen. Die Erhaltung und Entwicklung attraktiver Innenstädte und der Beitrag der Bauleitplanung zum Klimaschutz, insbesondere durch die Förderung des Ausbaus erneuerbarer Energien, gehören gegenwärtig und auch künftig zu den wichtigen Handlungsfeldern der Stadtentwicklung. Unter dem Aspekt der Innenentwicklung wurde schwerpunktmäßig Fragen zur Bewältigung der Lärmproblematik, des Artenschutzes und der Schrottimmobilien nachgegangen. Überdies wurde die aktuelle Rechtsprechung zu den Instrumenten der Innenentwicklung nachgezeichnet und analysiert.

Bei der Steuerung der Innenentwicklung und der Nutzung erneuerbarer Energien kommt neben dem Städtebaurecht vor allem dem Raumordnungsrecht eine bedeutende Steuerungsfunktion zu. Dabei ist insbesondere dessen Einfluss auf die städtebauliche Planung nachzugehen. Dies gab Gelegenheit, im Rahmen der Fachtagung auch einige Neuerungen im Bereich des Raumordnungsrechts mit ihrem spezifischen Bezug zu den im Zentrum stehenden Themenbereichen zu beleuchten.

Informationen zu den weiteren seit 2008 im Lexxion Verlag erschienenen Titeln finden sich am Ende des Bandes.

Willy Spannowsky
Andreas Hofmeister

Inhalt

Klimaschutz und erneuerbare Energien in der kommunalen Bauleitplanung

*Prof. Dr. Wilhelm Söfker**

Einleitung

Bei den Maßnahmen zum Klimaschutz kann unterschieden werden zwischen
- Maßnahmen, die dem Klimawandel entgegenwirken, und
- Maßnahmen, die der Anpassung an den Klimawandel dienen.

Für die Bauleitplanung im Vordergrund stehen heute die Maßnahmen, die dem Klimawandel entgegenwirken, wobei wiederum erneuerbare Energien besondere Bedeutung haben. Denn durch sie kann zur Verringerung des Ausstoßes an Kohlendioxid, der als wesentliche Ursache für den Klimawandel genannt wird, beigetragen werden.

* Prof. Dr. Wilhelm Söfker ist Ministerialdirigent a.D., Bonn.

Derzeit wird eine Novellierung des Baugesetzbuchs (BauGB) und der Baunutzungsverordnung (BauNVO) vorbereitet, die auch die hier interessierenden Themen aufgreifen wird[1]. Im Folgenden wird auch darauf Bezug genommen.

I. Kommunale Energiekonzepte als Grundlage auch für die Bauleitplanung

Die kommunalen Klimaschutz- und Energiekonzepte, wie sie in zahlreichen Kommunen erarbeitet worden sind oder werden, enthalten Aussagen über die Ausstattung des Gemeindegebiets mit erneuerbaren Energien, teils umfassend zu diesen Fragen, teils sektoral bezogen auf einzelne erneuerbare Energien. Solche Konzepte können durch Ausrichtung der Bauleitplanung vor allem auf erneuerbare Energien in vielfältiger Weise Berücksichtigung finden, worauf im Weiteren einzugehen sein wird.

Die Entwicklung solcher Konzepte kann durch einen entsprechenden Planungsgrundsatz unterstützt werden. In den „Berliner Gesprächen zum Städtebaurecht“ wird dazu die Aufnahme einer allgemeinen „Klimaschutz-Klausel“ in die Grundsätze der Bauleitplanung (§§ 1 und 1 a BauGB), in Anlehnung an § 2 Nr. 6 Satz 6 ROG vorgeschlagen. Danach „ist den räumlichen Erfordernissen des Klimaschutzes Rechnung zu tragen, sowohl durch Maßnahmen, die dem Klimawandel entgegenwirken, als auch durch solche, die der Anpassung an den Klimawandel dienen“.

Diese Konzepte können im Sinne des § 1 Abs. 6 Nr. 11 BauGB bei der Bauleitplanung zu berücksichtigen sein. Ihre Bedeutung kann dadurch erhöht werden, dass die sich aus solchen Konzepten ergebende Ausstattung des Gemeindegebiets mit erneuerbaren Energien in den Flächennutzungsplan aufgenommen wird. So wird in den Berliner Gesprächen zum Städtebaurecht vorgeschlagen, durch Ergänzung des § 5 Abs. 2 Nr. 2 BauGB die Möglichkeit zu schaffen, die Ausstattung des Gemeindegebiets mit erneuerbaren Energien darstellen zu

1 In der Koalitionsvereinbarung der Bundesregierung vom 26.10.2009 ist dazu ausgeführt: „Es gilt, den Klimaschutz zu verankern, den Vorrang der Innenentwicklung zu stärken ... Dazu werden wir das Baugesetzbuch (BauGB) anpassen und weiterentwickeln. Ferner werden wir die Baunutzungsverordnung (BauNVO) umfassend prüfen.“ Zur Vorbereitung hatte das Bundesministerium für Verkehr, Bau und Stadtentwicklung das Deutsche Institut für Urbanistik (difu, Berlin) beauftragt, mit Experten aus Wissenschaft und Praxis den Regelungsbedarf zu erörtern. Inzwischen liegen die Ergebnisse dieser in 2010 durchgeführten „Berliner Gespräche zum Städtebaurecht“ vor. Sie enthalten auch Vorschläge für Änderungen des BauGB und der BauNVO zu den hier behandelten Themen, die im Zusammenhang mit den nachfolgenden Ausführungen angesprochen werden. Die Ergebnisse sind Veröffentlicht in Band I (Bericht) und in Band II (Dokumentation Festveranstaltung / Materialien); erhältlich bei www.difu.de.

können. Damit würde die Bedeutung der den Gemeinden zu empfehlenden Aufstellung von Energiekonzepten unterstützt werden.

II. Zur Bedeutung des Energiefachrechts für die Bauleitplanung

1. Allgemeine Hinweise

Das heutige Energiefachrecht kennt Verpflichtungen zur Errichtung und Nutzung bestimmter erneuerbarer Energien im Erneuerbare-Energien-Wärmegesetz (EEWärmeG) und in der Energieeinsparverordnung, die für bestimmte Fälle als Ausgleich für nicht durchführbare Energiesparmaßnahmen erneuerbare Energien vorsieht. Darüber hinaus enthalten Fachgesetze Regelungen zur wirtschaftlichen/finanziellen Unterstützung bestimmter erneuerbarer Energien. Im Vordergrund stehen das Erneuerbare-Energien-Gesetz (EEG), das insbesondere bestimmte Abnahmepflichten von durch erneuerbare Energien erzeugten Strom sowie Regelungen über (erhöhte) Vergütungen des erzeugten Stroms enthält, und das Kraft-Wärme-Kopplungsgesetz, das die Abnahme und die Vergütung von Kraft-Wärme-Kopplungsstrom (KWK-Strom) aus Kraftwerken mit KWK-Anlagen auf Basis von Steinkohle, Braunkohle, Abfall, Biomasse, gasförmigen oder flüssigen Brennstoffen regelt. Diese Vorschriften sowie die privaten Initiativen führen weiterhin zu einer erheblichen Zunahme von Investitionen für erneuerbare Energien. Dies hat vor allem zwei Auswirkungen auf das Städtebaurecht:

(1) Die nach diesen Gesetzen vorgesehenen Anlagen für erneuerbare Energien bedürfen ihrer planungsrechtlichen Absicherung, d. h. sie müssen nach den jeweiligen bauplanungsrechtlichen Vorschriften zulässig sein, und/oder es bedarf der gezielten Aufstellung von Bebauungsplänen.

(2) Die gesetzlichen Verpflichtungen zum Einsatz erneuerbarer Energien können und müssen gegebenenfalls auch im Rahmen des Städtebaurechts berücksichtigt werden.

2. Zur bauplanungsrechtlichen Zulässigkeit und Berücksichtigung solcher Anlagen in der Bauleitplanung

Die bauplanungsrechtliche Zulässigkeit von erneuerbaren Energien für die Wärmeversorgung der Gebäude wirft grundsätzlich keine besonderen Fragen auf. Solche Anlagen können in der Regel als sogenannte Bestandteile der Hauptanlage zu beurteilen sein, d.h. sie sind als Anlagen für die Wärmeversorgung der Gebäude ebenso zulässig wie die Hauptanlagen selbst. Sie unterscheiden sich insofern bauplanungsrechtlich nicht grundsätzlich von den „traditionellen" Anlagen und Einrichtungen für die Wärmeversorgung für die Gebäude, vor allem wenn sie innerhalb der Gebäude eingerichtet werden und keinen zusätzlichen baulichen Aufwand veranlassen. Dies dürfte grundsätzlich zutreffen für die in § 5 EEWärmeG bezeichneten Anlagen für erneuerbare Energien. Diese Vorschrift regelt, mit welchen Energien ein bestimmter Anteil des Wärmebedarfs des Gebäudes durch erneuerbare Energien zu decken ist, über deren Einsatz der Verpflichtete wahlweise entscheiden kann, und es werden die Anteile dieser Energien am Wärmebedarf differenziert festgelegt: Solare Strahlungsenergie zur Deckung des Wärmeenergiebedarfs von mindestens 15 %, die Nutzung von gasförmiger Biomasse zur Deckung des Wärmeenergiebedarfs von mindestens 30 % und die Nutzung von flüssiger und fester Biomasse sowie von Geothermie und Umweltwärme zur Deckung des Wärmeenergiebedarfs von mindestens 50 %.

Sollten diese Anlagen für erneuerbare Energien als Nebenanlagen zu beurteilen sein, sind sie, weil sie der Versorgung des Grundstücks oder der Grundstücke im Baugebiet dienen, zumindest als Nebenanlagen im Sinne des § 14 Abs. 1 BauNVO allgemein zulässig.

Anders können die Anlagen für sogenannte Ersatzmaßnahmen zu beurteilen sein, wie sie in. § 7 EEWärmeG geregelt sind. Danach können die sich aus § 5 EEWärmeG ergebenden Verpflichtungen für den Einsatz erneuerbarer Energien auch durch sogenannte Ersatzmaßnahmen erfüllt werden. Dazu gehören wahlweise: die Nutzung von Abwärme und aus Kraft-Wärme-Kopplung zur Deckung des Wärmeenergiebedarfs von mindestens 50 % und die Deckung des Wärmeenergiebedarfs aus dem Netz der Nah- und Fernwärmeversorgung. Diese Anlagen können in den festgesetzten Baugebieten als gewerbliche Anlagen allgemein zulässig sein oder sie können als Ausnahmen zugelassen werden. Dies ergibt sich aus den Baugebietsvorschriften der Baunutzungsverordnung, differenziert nach Anlagetyp und Störgrad.

Unabhängig davon kann für größere Anlagen die gezielte Festsetzung von Baugebieten Bedeutung haben. Dazu gehört die Festsetzung von Versorgungsflächen nach § 9 Abs. 1 Nr. 12 BauGB und darüber hinaus die Festsetzung von Gewerbegebieten, Industriegebieten und Sondergebieten (§ 11 Abs. 2 BauNVO: Sondergebiete, „die der Erforschung, Entwicklung oder Nutzung erneuerbarer Energien, wie Wind- und Sonnenergie, dienen").

Bei den Festsetzungen des Bebauungsplans kann es erforderlich sein, auf die Anforderungen bestimmter erneuerbarer Energien Rücksicht zu nehmen. So kann für die Nutzung der solaren Strahlungsenergie durch Anlagen auf den Dächern für die Warmwasserversorgung in den Gebäuden die Südausrichtung der Gebäude und die Gestaltung der Dächer geboten sein, weiter die Vermeidung von Verschattungen der Gebäude oder Gebäudeteile, auf denen die Anlagen für die solare Strahlungsenergie errichtet werden sollen. Dementsprechend haben Festsetzungen z. B. zur Stellung der Gebäude und zur Dachgestalt nach § 9 Abs. 1 Nr. 23 Buchstabe b), zur Vermeidung von Verschattungen abgestimmte Festsetzungen zum Maß der baulichen Nutzung und über Bepflanzungen nach § 9 Abs. 1 Nr. 25 BauGB Bedeutung. Für die oberflächennahe Geothermie kann im Hinblick auf die hierfür erforderlichen Flächen (Größe und Lage der nicht bebaubaren Grundstücksflächen) ein geeignetes Verhältnis von bebaubaren Grundstücksflächen und von Bebauung frei zu haltenden Flächen, in deren Böden die Anlagen der Geothermie eingebaut werden, von Bedeutung sein. Dafür können gegebenenfalls Festsetzungen nach § 9 Abs. 1 Nr. 10 BauGB (von Bebauung frei zu haltende Flächen und ihre Nutzung für geothermische Anlagen) Bedeutung erlangen.

Speziell für die planungsrechtliche Realisierbarkeit von den nach dem EEWärmeG bestehenden Wahlmöglichkeiten für den Einsatz von erneuerbaren Energien kann sich die Frage stellen, ob alle erneuerbaren Energien und Ersatzmaßnahmen im jeweiligen Bebauungsplan bauplanungsrechtlich realisierbar sein müssen. Hierzu kann es sich empfehlen, diese Fragen im Rahmen des Konzepts des Bebauungsplans zu klären. Dazu sind gegebenenfalls Darlegungen in den Gründen des Bebauungsplans erforderlich, gegebenenfalls auch im Umweltbericht.

3. Zur Frage von ergänzenden oder zusätzlichen Verpflichtungen zum Einsatz erneuerbarer Energien

Die Frage zur Möglichkeit, in einem Bebauungsplan durch Festsetzung die Verpflichtung zur Errichtung und zur Nutzung erneuerbarer Energien zu treffen, hat verschiedene Aspekte zu berücksichtigen:

Problematisch kann es sein, wenn die Festsetzungen in den Bebauungsplänen hinter den Anforderungen der fachgesetzlichen Regelungen zurückbleiben oder diese nicht berücksichtigen. Festsetzungen können sich durch Änderungen im Energiefachrecht schnell überholen. Das Abwägungsgebot (§ 1 Abs. 7 BauGB) stellt hier hohe Anforderungen, vor allem bezüglich der Grundsätze der Verhältnismäßigkeit, Geeignetheit und Durchführbarkeit der Festsetzungen. Sie werden im Fachrecht flexibel gelöst. So ist für den Grundsatz der Verhältnismäßigkeit und der Durchführbarkeit von Bedeutung, dass die Fachgesetze Wahlmöglichkeiten des Verpflichteten vorsehen, auch wegen der unterschiedlichen technischen Möglichkeiten.

In Bezug auf die Wirtschaftlichkeit ist von Bedeutung, dass den von beiden Fachgesetzen gestellten Anforderungen eingehende Untersuchungen zur wirtschaftlichen Zumutbarkeit zu Grunde liegen. Auch insofern haben die Wahlmöglichkeiten im Energiefachrecht Bedeutung. Es können daher der Bebauungsplanung Grenzen gesetzt sein, unter städtebaulichen Gesichtspunkten in zumindest praktikabler Weise Anliegen zu verfolgen, die in den Fachgesetzen geregelt sind. Aus dem Bericht der „Berliner Gespräche zum Städtebaurecht" ist daher auch eine gewisse Zurückhaltung gegenüber weitergehenden Festsetzungsmöglichkeiten in Bebauungsplänen zu entnehmen.

Hier ist der Einsatz von städtebaulichen Verträgen (§ 11 BauGB) von Bedeutung. In ihnen können gegebenenfalls über das Energiefachrecht und die Festsetzungsmöglichkeiten im Bebauungsplan hinausgehende Vereinbarungen zur Nutzung bestimmter erneuerbarer Energien getroffen werden.

In den „Berliner Gesprächen zum Städtebaurecht" ist eine Ergänzung des § 11 Abs. 1 Satz 2 BauGB über den möglichen Inhalt von städtebaulichen Verträgen überlegt worden, und zwar zu Vereinbarungen zum Einsatz erneuerbarer Energien und von energieeffizienten Anlagen sowie Anlagen zur Kraft-Wärme-Kopplung und modernen Fern- und Nahversorgungsanlagen (bisher in § 11 Abs. 2 Nr. 4 BauGB noch zurückhaltend geregelt). Solche Vereinbarungen gehen über das Energiefachrecht hinaus, stehen aber im Zusammenhang mit städtebaulichen Maßnahmen, bei denen es im Sinne von innovativen Projekten angezeigt ist, in diesen Bereichen einen weitergehenden Beitrag zu erreichen.

III. Windenergieanlagen

Die Praxis des Bauplanungsrechts ist geprägt von den seit 1997 bestehenden Regelungen des § 35 BauGB:

- die privilegierte Zulässigkeit von Windenergieanlagen im Außenbereich nach § 35 Abs. 1 Nr. 5 BauGB,
- kombiniert mit der planerischen Steuerungsmöglichkeit gemäß § 35 Abs. 3 Satz 3 BauGB („Öffentliche Belange stehen einem Vorhaben nach Absatz 1 Nr. 2 bis 6 in der Regel auch entgegen, soweit hierfür durch Darstellungen im Flächennutzungsplan oder als Ziele der Raumordnung eine Ausweisung an anderer Stelle erfolgt ist").

Für die rechtssichere Praxis der Bauleitplanung der Gemeinde ist wichtig, dass inzwischen durch die Rechtsprechung, insbesondere des BVerwG[2], die Anforderungen an die Steuerung im Sinne des § 35 Abs. 3 Satz 3 BauGB weitgehend geklärt sind. Sie lassen sich wie folgt zusammenfassen:

Erforderlich ist ein schlüssiges Plankonzept für den gesamten Außenbereich. Die gemeindliche Entscheidung muss nicht nur Auskunft darüber geben, von welchen Erwägungen die positive Standortzuweisung getragen wird, sondern auch deutlich machen, welche Gründe es rechtfertigen, den übrigen Planungsraum von Windenergieanlagen freizuhalten. Die Ausarbeitung eines Plankonzepts vollzieht sich abschnittsweise:

Im ersten Abschnitt sind diejenigen Bereiche als „Tabuzonen" zu ermitteln, die sich für die Nutzung der Windenergie nicht eignen. Dies sind

- Zonen, in denen die Errichtung und der Betrieb von Windenergieanlagen aus tatsächlichen und/oder rechtlichen Gründen schlechthin ausgeschlossen sind („harte" Tabuzonen) und
- Zonen, in denen die Errichtung und der Betrieb von Windenergieanlagen zwar tatsächlich und rechtlich möglich sind, in denen nach den städtebaulichen Vorstellungen, die die Gemeinde anhand eigener Kriterien entwickeln darf, aber keine Windenergieanlagen aufgestellt werden sollen („weiche" Tabuzonen).

Nach Abzug dieser Tabuzonen bleiben sogenannte Potenzialflächen übrig, die für die Darstellung von Konzentrationszonen in Betracht kommen. Sie sind in einem weiteren Arbeitsschritt zu den auf ihnen konkurrierenden Nutzungen in Beziehung zu setzen, d.h. die öffentlichen Belange, die gegen die Ausweisung eines Landschaftsraums als Konzentrationszone sprechen, sind mit dem Anliegen abzuwägen, der Windenergienutzung an geeigneten Standorten eine Chance zu geben, die ihrer Privilegierung nach § 35 Abs. 1 Nr. 5 BauGB gerecht wird.

Als Ergebnis der Abwägung muss der Windenergie in substanzieller Weise Raum geschaffen werden. Mit einer bloßen „Feigenblatt"-Planung, die auf eine verkappte Verhinderungsplanung hinausläuft, darf es nicht sein Bewenden haben. Erkennt die Gemeinde, dass der Windenergie nicht ausreichend substanziell Raum geschaffen wird, muss sie ihr Auswahlkonzept nochmals überprüfen und gegebenenfalls ändern.

Diese Grundsätze gelten entsprechend auch für die Raumordnungsplanung, insbesondere die diesbezüglichen Festlegungen in den Regionalplänen.

2 BVerwG, Beschluss vom 15.9.2009 – 4 BN 25.09, und Urteil vom 20.5.2010 – 4 C 7.09.

Eine besondere Aufgabe auch für die Bauleitplanung der Gemeinden ist das Repowering von Windenergieanlagen, ein wichtiges Ziel im Rahmen des Ausbaus der erneuerbaren Energien.

Die Anforderungen und Merkmale des Repowering sind in der Dokumentation des Deutschen Städte- und Gemeindebundes von 2009 dargelegt[3]. Es hat in der Regel zum Ziel:

- Neuordnung der Standorte, z.B. „Aufräumen der Landschaft", Optimierung der Standorte für die Windenergie, und
- Ausweisung neuer Standorte für moderne, leistungsstarke Windenergieanlagen.

Die planungsrechtliche Unterstützung und Absicherung des Repowering umfasst im Rahmen des Planungsrechts zwei Anforderungen:

(1) Die Errichtung von bestimmten neuen leistungsstarken Windenergieanlagen muss planungsrechtlich zulässig und damit genehmigungsfähig sein. Dazu ist oftmals eine Änderung des Flächennutzungsplans und – sofern ein Bebauungsplan mit der Festsetzung eines Sondergebiets „Windenergie" vorhanden ist – auch dessen Änderung erforderlich. (Ähnliches gilt für entsprechende Raumordnungspläne/Regionalpläne.)

(2) Im Zusammenhang mit der Errichtung der neuen Windenergieanlagen müssen bestimmte Altanlagen beseitigt werden. Werden aus Anlass des Repowering im Rahmen der Raumordnungs- und Flächennutzungsplanung die planungsrechtlichen Grundlagen für die neuen Windenergieanlagen geschaffen, kommt es auch auf die Sicherung des Repowering an. Das heißt, schon im Zusammenhang mit der Raumordnungs- oder Bauleitplanung kommt es regelmäßig darauf an, die Errichtung neuer Windenergieanlagen mit Stilllegung und Rückbau der Altanlagen rechtlich zu verknüpfen, also „verbindlich" zu machen.

Die Bundesregierung hatte am 28.9.2010 ein Energiekonzept beschlossen. Darin ist unter A. (Erneuerbare Energien als eine tragende Säule zukünftiger Energieversorgung) 3. (Ausbau der Onshore-Windenergie) ausgeführt: „Wir wollen außerdem im Bau- und Planungsrecht erforderliche und angemessene Regelungen zur Absicherung des Repowering treffen. Dabei müssen die bestehenden Mitwirkungsrechte der Kommunen erhalten werden." Dies ist in den „Berliner

3 Im Einzelnen dargelegt in der Dokumentation Nr. 94 des Deutschen Städte- und Gemeindebundes, Repowering von Windenergieanlagen – kommunale Handlungsmöglichkeiten", Bonn, 2009.

Gesprächen zum Städtebaurecht" aufgegriffen worden. Der Bericht enthält folgende Überlegungen zur Verbesserung der Rechtssicherheit:

Für den Fall, dass in einem Bauleitplan zusätzliche planungsrechtliche Grundlagen für die Windenergie geschaffen werden, können Einwände dagegen nicht mit dem Hinweis geltend gemacht werden, die vorhandenen oder die zusätzlichen Ausweisungen würden im Sinne des § 35 Abs. 3 Satz 3 BauGB nicht genügend Flächen für die Windenergie („der Windenergie wird nicht substanziell Raum geschaffen") umfassen.

Für die Steuerung von Außenbereichs-Vorhaben wurde 2004 der sogenannte Teil-Flächennutzungsplan eingeführt (§ 5 Abs. 2 b BauGB). Zur Vermeidung von Zweifelsfragen wird vorgeschlagen, klarzustellen, dass seine Darstellungen (Ausweisung z. B. von Windparks) nicht nur die Steuerung im Sinne des § 35 Abs. 3 Satz 3 BauGB bewirken, sondern auch Grundlage sein sollen für die Aufstellung von Bebauungsplänen im Sinne des § 8 Abs. 2 Satz 1 BauGB.

Überlegt worden ist auch, das Verbindlichmachen des Repowering (neue Ausweisungen von Flächen für die Windenergie dürfen nur zum Zwecke des Repowering, d. h. unter Beseitigung von Altanlagen, genutzt werden) für die Zwecke des Bebauungsplans gemäß § 9 Abs. 2 BauGB klarstellend zu regeln und für den Flächennutzungsplan einzuführen.

Zu berücksichtigen ist auch die Raumordnungsplanung, vor allem die Regionalplanung, mit ihren Festlegungen von Zielen der Raumordnung für Standorte der Windenergie. Denn die Bauleitplanung ist an die Ziele der Raumordnung anzupassen (§ 1 Abs. 4 BauGB), und die Ausweisung der Standorte für die Windenergie hat auch hier die steuernde Wirkung des § 35 Abs. 3 Satz 3 BauGB für Windenergieanlagen im Außenbereich. Abstimmungsfragen zwischen Raumordnung und Bauleitplanung werden aufgeworfen, wenn auf beiden Planungsebenen Ausweisungen von Standorten für die Windenergie erfolgen und demgemäß auch Planungen und Maßnahmen für das Repowering ergriffen werden. Es können hier vielfältige Fragen aufgeworfen werden. Für die Praxis im Vordergrund stehen dürfte die Anpassung der Bauleitpläne an die neuen Festlegungen im Raumordnungsplan durch die Gemeinden in eigener Verantwortung. Hilfreich ist hier eine enge Abstimmung der Regionalplanung und des ihm zu Grunde liegenden Plankonzepts mit den betroffenen Gemeinden.

IV. Biomasse-Anlagen

Bei den bauplanungsrechtlichen Grundlagen für Biomasse-Anlagen ist zu unterscheiden:
- die privilegierte Zulässigkeit von Biomasse-Anlagen im Außenbereich nach § 35 Abs. 1 Nr. 6 BauGB, kombinierbar mit der Steuerungsmöglichkeit durch den Flächennutzungsplan nach § 35 Abs. 3 Satz 3 BauGB;
- die Aufstellung von Bebauungsplänen, auch von Vorhaben- und Erschließungsplänen, für z.B. größere Biomasse-Anlagen.

In der Praxis ist die Aufstellung von Bebauungsplänen verbreitet. Sie hat den Vorteil der größeren Anlagen und insbesondere der Auswahl der Standorte in Abstimmung mit der städtebaulichen Entwicklung und den Möglichkeiten z.B. der Kraft-Wärme-Kopplung (Nähe zu den Abnehmern der anfallenden Wärme in den Orten/Stadtteilen). Hilfreich sind hierbei entsprechende Konzepte der Gemeinden für den Ausbau und den Einsatz von Biomasse-Anlagen.

Bei den im Außenbereich privilegiert zulässigen Biomasse-Anlagen ist zu berücksichtigen:

Wesentlicher Grund für die Einführung der privilegierten Zulässigkeit von Biomasse-Anlagen im Außenbereich war die Verbindung mit den Betrieben im Außenbereich (land- und forstwirtschaftliche Betriebe, Gartenbaubetriebe und Tierhaltungsbetriebe), die dort nach § 35 Abs. 1 BauGB genehmigt sind und bei denen die Biomasse anfällt. Der Primärenergiebedarf für die Erzeugung von Strom und Gas wird auf diese Weise (Energieaufwand für den Transport) gering gehalten. Deswegen ist die Anbindung des Privilegierungstatbestandes an die Außenbereichs-Betriebe, bei denen Biomasse anfällt, zentraler Bestandteil der Privilegierung. Gleiches gilt für die Leistungsbegrenzung auf 0,5 Megawatt.

Die Anforderungen an den Privilegierungstatbestand der Nummer 6 sind im Wesentlichen durch die Rechtsprechung geklärt[4].

Auch für Biomasse-Anlagen besteht die Steuerungsmöglichkeit nach § 35 Abs. 3 Satz 3 BauGB grundsätzlich ebenso wie die Steuerung von Windenergieanlagen[5]. Dabei sind Besonderheiten zu berücksichtigen:

4 Vgl. insbesondere BVerwG, Urteil vom 11.12.2008 – 7 C 6.08. Im Einzelnen s. Verfasser in Ernst/Zinkahn/Bielenberg/Krautzberger, BauGB, § 35 Rn. 59 ff., sowie in Spannowsky/Uechtritz, BauGB, § 35 Rn. 37 ff.

5 Zu den allgemeinen Anforderungen s. oben 3.

Die Standortgebundenheit der Biomasse-Anlagen, d.h. die auszuweisenden Standorte sind stets solche im räumlich-funktionalen Zusammenhang mit den entsprechenden Betrieben, vor allem den Basisbetrieben, d.h. die konkrete Standortausweisung muss stets im Zusammenhang stehen mit dem entsprechenden Betrieb, vor allem Basisbetrieb, ihm also zugeordnet sein.

Da Biomasse-Anlagen zumeist auf Anlieferungsbetriebe angewiesen sind, kann nicht für jeden Betrieb im Außenbereich ein Standort für eine Biomasse-Anlage ausgewiesen werden. In Betracht kommen daher für die Ausweisungen zumeist die Basisbetriebe und damit nur ein geringerer Teil der Betriebe im Außenbereich. Dies bedeutet, dass bei der Steuerung nach § 35 Abs. 3 Satz 3 BauGB eine Entscheidung darüber zu treffen ist, welcher Betrieb als Basisbetrieb Standort für eine Biomasse-Anlage sein soll.

Als städtebauliche Gründe für die Auswahl und damit Beschränkung der Biomasse-Anlagen im Rahmen der Steuerung durch Flächennutzungspläne nach § 35 Abs. 3 Satz 3 BauGB auf bestimmte Standorte kommen insbesondere in Betracht:
- Abstimmung mit der städtebaulichen Entwicklung/der Siedlungsentwicklung der Gemeinde;
- Abstimmung mit dem öffentlichen Straßennetz, bedeutsam wegen des oftmals mit schweren Fahrzeugen in großer Zahl erfolgenden Anlieferungsverkehrs;
- Gesichtspunkte des vorsorgenden Immissionsschutzes, wie Vermeidung von Geruchsbelästigungen und Lärmbelastungen durch den Zu- und Abgangsverkehr;
- Berücksichtigung von Belangen des Naturschutzes und der Landschaftspflege;
- Landschaft und Tourismus.

V. Photovoltaikanlagen

Die Praxis der Errichtung und Einrichtung von sogenannten Photovoltaikanlagen für die Erzeugung von Strom, der im Wesentlichen in das öffentliche Netz eingespeist wird, also für die Stromgewinnung aus solarer Strahlungsenergie, ist wesentlich veranlasst durch die Abnahmepflichten und Vergütungsregelungen des EEG. Sie unterscheiden nach
- eigenständigen, allein der Stromgewinnung aus solarer Strahlungsenergie dienenden Anlagen (§ 32 EEG) – sogenannte Freiflächen-Photovoltaikanla-

gen – auf der Grundlage von für die Photovoltaikanlagen aufgestellten Bebauungsplänen und
- solchen, die an oder auf Gebäuden oder an Lärmschutzwänden angebracht sind (§ 33 EEG).

Für die Errichtung von Freiflächen-Photovoltaikanlagen außerhalb der Gebiete nach § 30 und § 34 BauGB bedarf es regelmäßig der Aufstellung von Bebauungsplänen, gegebenenfalls auch von Vorhaben- und Erschließungsplänen. Die Vergütungsregelung nach § 32 EEG n. F. verlangt, dass die Photovoltaikanlagen auf der Grundlage eines Bebauungsplans, der auch zu diesem Zweck aufgestellt oder geändert worden ist (Abs. 2 Nr. 1), errichtet wird und dass
- die für Photovoltaikanlagen in Anspruch genommenen Flächen vor Aufstellung oder Änderung des Bebauungsplans bereits versiegelt waren oder
- es sich bei diesen Flächen um Konversionsflächen aus u. a. wirtschaftlicher oder militärischer Nutzung handelt oder
- es sich um Flächen parallel (bis 110 m) zu Bundesautobahnen und Schienenwegen handelt.

Erforderlich sind daher Bebauungspläne, die gezielt für solche Freiflächen-Photovoltaikanlagen aufgestellt sind.

Es empfiehlt sich für die Städte und Gemeinden, in denen die Errichtung von Photovoltaikanlagen im Sinne der Vergütungsregelung des § 32 EEG ansteht, entsprechend konzeptionell und das Gemeindegebiet umfassend vorzugehen. Anlass dazu ist die regelmäßig erforderliche Anpassung (Änderung oder Ergänzung) des Flächennutzungsplans, weil aus ihm die Bebauungspläne zu entwickeln sind (§ 8 Abs. 2 Satz 1 BauGB). In diesem Zusammenhang kann auch die oben erwähnte Überlegung aus den „Berliner Gesprächen zum Städtebaurecht" von Bedeutung sein, nach der es ermöglicht werden sollte, im Flächennutzungsplan die Ausstattung des Gemeindegebiets mit erneuerbaren Energien darzustellen.

Bezüglich der bauplanungsrechtlichen Zulässigkeit von Photovoltaikanlagen an und auf Gebäuden ist zu berücksichtigen, dass diese Anlagen keine oder keine primäre Versorgungsfunktion für die betreffenden Gebäude oder Baugebiete haben. Der in ihnen erzeugt Strom wird vollständig oder zum weitaus größten Teil in das öffentliche Stromnetz eingespeist. Sie sind daher als gewerbliche Anlagen (Gewerbebetriebe) einzuordnen, zumeist auch als nicht störende gewerbliche Anlagen, vorausgesetzt von ihnen gehen z. B. keine erheblichen Lichtemissionen zu Lasten der Nachbarschaft aus. Zu berücksichtigen sind gegebenenfalls Gesichtspunkte des Ortsbilds und des landesrechtlichen Gestaltungsrechts.

Die Anlagen können als gewerbliche Anlagen/Gewerbebetriebe in den Baugebieten zulässig sein, wenn nach den Baugebietsvorschriften der BauNVO (auch nicht störende) Gewerbebetriebe vorgesehen sind. Dies gilt für ihre allgemeine Zulässigkeit in den besonderen Wohngebieten, Dorfgebieten, Mischgebieten, Kerngebieten, Gewerbegebieten und Industriegebieten, für ihre ausnahmsweise Zulässigkeit in den allgemeinen Wohngebieten. Weitergehende Überlegungen finden sich in dem Bericht der „Berliner Gespräche zum Städtebaurecht". Es wird dort als sinnvoll angesehen, Anlagen zur Gewinnung von Strom aus erneuerbaren Energien auch dann als Nebenanlagen zuzulassen, wenn der erzeugte Strom nicht überwiegend auf dem Baugrundstück oder in dem Baugebiet Verwendung findet, sondern in das öffentliche Stromnetz eingespeist wird.

Im Außenbereich sind nach § 35 BauGB Photovoltaikanlagen auch auf und an den Gebäuden grundsätzlich als sonstige Vorhaben zu beurteilen. Sie können gegebenenfalls im Rahmen des § 35 Abs. 4 Satz 1 Nr. 1 BauGB begünstigt sein (Aufbringen von Photovoltaikanlagen auf den Dächern von landwirtschaftlich genutzten Gebäuden als ein Fall der sogenannten Teil-Nutzungsänderung). Im Übrigen hängt die Zulässigkeit dieser Anlagen davon ab, ob tatsächlich öffentliche Belange im Sinne des § 35 Abs. 2 BauGB beeinträchtigt werden.

Aktuelle Rechtsprechung zu den Instrumenten der Innenentwicklung

*Prof. Dr. iur. Willy Spannowsky**

I. Einleitung und Rahmen der Rechtsprechungsanalyse

II. Analyse der Rechtsprechung zu Bebauungsplänen der Innenentwicklung

III. Analyse der Rechtsprechung zu städtebaulichen Verträgen mit Bindungen im Hinblick auf eine nachfolgende städtebauliche Planung

IV. Analyse der Rechtsprechung zum Verhältnis zwischen dem vorhabenbezogenen Bebauungsplan und dem Durchführungsvertrag

V. Analyse der Rechtsprechung zu informellen Planungsinstrumenten

VI. Analyse der Rechtsprechung zu den Instrumenten der Innenentwicklung aus dem besonderen Städtebaurecht
   1. Komplexe städtebauliche Maßnahmen der Innenentwicklung und Private Initiativen zur Stadtentwicklung
   2. Erhaltungs- und Gestaltungssatzungen als Instrumente der Innenentwicklung

VII. Zusammenfassung

* Prof. Dr. iur. Willi Spannowsky, Richter am OLG, ist Inhaber des Lehrstuhls für Öffentliches Recht an der Technischen Universität Kaiserslautern.

I. Einleitung und Rahmen der Rechtsprechungsanalyse

Der Vorrang der Innenentwicklung wurde erstmals in § 1a Abs. 2 Satz 1 BauGB durch das Europarechtsanpassungsgesetz Bau vom 24.6.2004 (BGBl. I S. 1359) im Städtebaurecht und danach auch im Raumordnungsgesetz vom 22.12.2008, das nach der Föderalismusreform 2006 neu gefasst und in den Ländern für den Bereich der Raumordnung am 30.6.2009 in Kraft getreten ist, verankert. Gemäß § 1a Abs. 2 BauGB sind zur Verringerung der zusätzlichen Inanspruchnahme von Flächen für bauliche Nutzungen die Möglichkeiten der Entwicklung der Gemeinde insbesondere durch Wiedernutzbarmachung von Flächen, Nachverdichtung und andere Maßnahmen zur Innenentwicklung zu nutzen sowie Bodenversiegelungen auf das notwendige Maß zu begrenzen. Überdies verlangt der Bundesgesetzgeber nunmehr gemäß § 2 Abs. 2 Nr. 6 Satz 2 ROG, dass die erstmalige Inanspruchnahme von Freiflächen für Siedlungs- und Verkehrszwecke, insbesondere durch die vorrangige Ausschöpfung der Potenziale für die Wiedernutzbarmachung von Flächen, für die Nachverdichtung und für andere Maßnahmen zur Innenentwicklung der Städte und Gemeinden sowie zur Entwicklung vorhandener Verkehrsflächen, zu vermindern sei. Die Regierungskoalition hat sich im Koalitionsvertrag unter dem Aspekt „Bauen und Wohnen" darauf verständigt, den Vorrang der Innenentwicklung weiter zu stärken (so der Koalitionsvertrag vom 26.10.2009, S. 43). Dazu sei das Baugesetzbuch anzupassen und weiterzuentwickeln und die Baunutzungsverordnung umfassend zu prüfen.[1] Im Rahmen der Berliner Gespräche zum Städtebaurecht hat sich die Gesprächsrunde unter anderem besonders dieser Thematik angenommen.[2]

Die nachfolgende instrumentenbezogene Rechtsprechungsanalyse[3] dient dem Zweck, Schwächen des verfügbaren Instrumentariums aufzudecken, um damit die Basis für Überlegungen zur Weiterentwicklung des innenentwicklungsrelevanten Instrumentariums zu schaffen.

Betrachtet man die Vielfalt der verfügbaren informellen und förmlichen Planungsinstrumente, mit denen Innenentwicklung betrieben wird und die einen Beitrag zur Innenentwicklung leisten, so würde es den Rahmen sprengen,

1 Vgl. dazu den Koalitionsvertrag vom 26.10.2009 und Bunzel/Hanke, Difu, in: Bundesinstitut für Bau-, Stadt- und Raumforschung (BBSR) im Bundesamt für Bauwesen und Raumordnung (BBR) (Hrsg.), Berliner Gespräche zum Städtebaurecht, Berlin, Bonn, 2010, Bd. I, S. 5.

2 Vgl. dazu Deutsches Institut für Urbanistik, in: Bundesministerium für Verkehr, Bau und Stadtentwicklung (Hrsg.), Berliner Gespräche zum Städtebaurecht, Bd. I, Berichte, Berlin, 2010.

3 Der Beitrag beruht auf einem Vortrag, den der Autor anlässlich der Frühjahrstagung am 22.3.2011 in Kaiserslautern gehalten hat.

wenn man den Anspruch erheben wollte, die gesamte dazu ergangene Rechtsprechung analysieren zu wollen. Immerhin können zu den Instrumenten der Innenentwicklung die städtebaulichen Verträge und sonstigen kooperativen Planungsinstrumente, wie der vorhabenbezogene Bebauungsplan, die klassischen Plansicherungs- und Planverwirklichungsinstrumente ebenso gerechnet werden wie die städtebaulichen Gebote oder die komplexen Instrumentenkombinationen des besonderen Städtebaurechts (die städtebaulichen Sanierungs- und Entwicklungsmaßnahmen sowie die projekt- und themenbezogenen Kooperationsmodelle in den Bereichen Stadtumbau, soziale Stadt und der privaten Initiativen zur Stadtentwicklung). Thematische Schwerpunkte der Innenentwicklung, wie z.B. die klimagerechte Entwicklung der Städte und Gemeinden, die zentrenverträgliche Steuerung der Einzelhandelsentwicklung und des Baus von Vergnügungsstätten, werden über die Planungsinhalte und Abwägungsbelange gesteuert und sind so auch Gegenstand des Planungsinstrumentariums. Diese Themenfelder sind jedoch nicht Gegenstand der im Rahmen dieser Abhandlung durchzuführenden Instrumentenanalyse. Ausgeklammert werden wegen des Instrumentenbezugs auch die mit der Innenentwicklung verbundenen Erleichterungen im Planungsverfahren, die mit dem vereinfachten oder beschleunigten Planungsverfahren einhergehen, und damit zusammenhängende Fragen, mit denen sich die Rechtsprechung jüngst beschäftigt hat. Es wird allerdings, auch wenn der sogenannte Bebauungsplan der Innenentwicklung eigentlich kein besonderes Instrumentarium der Innenentwicklung ist, damit vielmehr nur der Anwendungsbereich des beschleunigten Verfahrens nach § 13a BauGB umrissen wird, doch ein Blick auf den Anwendungsbereich des Bebauungsplans der Innenentwicklung zu werfen sein, weil die Regelungen des § 13a BauGB durch die Anknüpfung an dem sogenannten Bebauungsplan der Innenentwicklung nicht nur eine verfahrensmäßige, sondern auch eine instrumentelle Prägung aufweisen. Außerdem wird die aktuelle Rechtsprechung zu städtebaulichen Verträgen, zum vorhabenbezogenen Bebauungsplan, zur Steuerungsfunktion von Sanierungs-, Erhaltungs- und Gestaltungssatzungen herausgegriffen, um damit einige praxisrelevante instrumentelle Fragestellungen der Innenentwicklung in den Fokus der Rechtsprechungsanalyse zu rücken.

II. Analyse der Rechtsprechung zu Bebauungsplänen der Innenentwicklung

Die Verfahrenserleichterungen des § 13a Abs. 2 Nr. 1, Nr. 2 und Nr. 4 BauGB kommen nur auf Bebauungspläne der Innenentwicklung zur Anwendung, die den entsprechenden Größenmaßstab von 70.000 Quadratmetern zulässiger Grundfläche bzw. voraussichtlich versiegelter Fläche nicht erreichen. Für Bebauungspläne, die unterhalb dieses Schwellenwertes bleiben, stellt sich die Frage, was von der Zwecksetzung her gesehen als Bebauungsplan der Innenentwicklung in den Anwendungsbereich der Regelung des § 13a BauGB fällt. Dies ist eine instrumentelle Frage, die mit verfahrensrechtlichen Rechtsfolgen verknüpft ist. Mit dieser Frage hat sich das OVG Rheinland-Pfalz in einem Urteil vom 24.2.2010[4] befasst. Das OVG hat sich in seiner Entscheidung der herrschenden Literaturmeinung angeschlossen, die die Auffassung vertreten hat, dass auch die Überplanung einer sogenannten Außenbereichsinsel im Innenbereich durch einen Bebauungsplan der Innenentwicklung erfolgen kann. Im Anschluss an Kommentierungen von Söfker[5] und Krautzberger[6] hat das OVG Rheinland-Pfalz bezüglich einer dauerhaft nicht mehr genutzten Fläche die Auffassung vertreten, es sei entscheidend, ob nach der Verkehrsauffassung und Berücksichtigung der siedlungsstrukturellen Gegebenheiten das betreffende nicht oder nicht mehr baulich genutzte Gebiet dem Siedlungsbereich zuzurechnen ist oder nicht. Das OVG hat insofern auf die geringe Entfernung zum Stadtkern abgestellt. Dies entspricht der herrschenden Literaturmeinung, wonach die sogenannten Außenbereichsinseln im Innenbereich, auch die bisher nach § 34 BauGB unzulässige Hinterlandbebauung und Grundstücke, die sich im Geltungsbereich einer Satzung nach § 34 Abs. 4 Satz 1 Nr. 3 BauGB befinden, zulässige Gegenstände eines Bebauungsplans der Innenentwicklung sein können.[7] In die gleiche Richtung weist auch die Rechtsprechung des BayVerfGH in seinem Urteil vom 13.7.2009[8]. Weder aus dem Wortlaut des Gesetzes noch aus der Begründung lasse sich entnehmen, dass Waldflächen im Verfahren nach § 13a Abs. 1 Satz 1 BauGB nicht überplant werden können. Zudem gehe § 13a BauGB ersichtlich nicht von dem Gegensatzpaar Innen- und Außenbereich aus.

4 Az. 1 C 10852/09, BeckRS 2010, 47152.

5 Vgl. Söfker, in: Krautzberger/Söfker, BauGB – Leitfaden mit Synopse, 8. Auflage, München, 2007, Rn. 153 f.

6 Vgl. Krautzberger, in: Ernst/Zinkahn/Bielenberg/Krautzberger, BauGB, München, 2007, § 13a Rn. 27.

7 Vgl. dazu Jaeger, in: Spannowsky/Uechtritz, BauGB, § 13a Rn. 8.

8 Az. Vf 3-VII-09, NVwZ-RR 2009, 825 ff.

Für die Auffassung des BayVerfGH spricht überdies, dass es systemwidrig wäre, die Bebauungspläne der Innenentwicklung im räumlichen Anwendungsbereich der städtebaulichen Satzungen im Hinblick auf die Umweltprüfung schlechter zu stellen als die städtebaulichen Satzungen. Daher ist es konsequent, den räumlichen Anwendungsbereich der Bebauungspläne der Innenentwicklung auf den Übergangsbereich zwischen Innen- und Außenbereich, der mit städtebaulichen Entwicklungs- und Ergänzungssatzungen überplant werden könnte, zu erstrecken.[9]

III. Analyse der Rechtsprechung zu städtebaulichen Verträgen mit Bindungen im Hinblick auf eine nachfolgende städtebauliche Planung

Hinsichtlich städtebaulicher Verträge im Vorfeld der und im Hinblick auf die nachfolgende Bauleitplanung sind vor allem zwei neuere Entscheidungen des BVerwG von Bedeutung, der Beschluss des BVerwG vom 28.12.2005[10] und der Beschluss des BVerwG vom 14.4.2010[11].

Nach dem Beschluss des BVerwG vom 28.12.2005 ist offen geblieben, ob und inwieweit die Steuerung der Ansiedlung großflächiger Einzelhandelsbetriebe durch interkommunale Vereinbarungen mit planungsrechtlichen Bindungen zulässig sein kann. Diese Frage hat das BVerwG in dieser Allgemeinheit nicht zugelassen, hat sich aber der Auffassung des OVG angeschlossen, wonach eine Gemeinde auf ihr Planungsrecht nicht verzichten kann, indem sie sich gegenüber anderen Gebietskörperschaften ungeachtet zukünftiger Planungsbedürfnisse dauerhaft verpflichtet, die Änderung eines bestehenden Bebauungsplans zu unterlassen. Dies sei mit § 1 Abs. 3 Satz 2 BauGB, wonach ein Anspruch auf Unterlassen der Bauleitplanung ebensowenig begründet werden kann wie ein Anspruch auf Aufstellung eines Bauleitplans, nicht zu vereinbaren (so ausdrücklich das BVerwG). Diese Entscheidung verdient vom Ausgangspunkt her Zustimmung; allerdings mit der Einschränkung, dass dies dann nicht gelten kann, wenn eine gesetzliche Rechtspflicht zum Unterlassen der städtebaulichen

9 So ausdrücklich Spannowsky, in: Schlichter/Stich/Driehaus/Paetow (Hrsg.), Berliner Kommentar zum BauGB, 2007, § 13a Rn. 13 und 18; wohl noch weitergehend Uechtritz, Die Änderungen des BauGB durch das Gesetz zur Erleichterung von Planungsvorhaben für die Innenentwicklung der Städte – BauGB 2007, BauR 3/2007, 476 (478): auch eine Konversionsfläche, die außerhalb der Ortslage liegt.

10 4 BN 40/05, UPR 2006, 159 f.

11 4 B 78.09, ZfBR 2010, 463 ff.

Planung mit bestimmtem Inhalt besteht und diese durch den Vertrag nur konkretisiert wird. Dies wäre z.B. der Fall, wenn die gemeindliche Überplanung eines bestimmten Gebiets aufgrund eines Ziels der Raumordnung ausgeschlossen ist, z.B. weil das Gebiet ein Vorranggebiet für besonders seltene Rohstoffe ist und durch Vertrag geregelt wird, bis wann die städtebauliche Planung zurückzustellen ist.

Während dem Beschluss des BVerwG vom 28.12.2005 also mit der genannten Einschränkung zu folgen ist, gilt dies nicht für den Beschluss des BVerwG vom 14.4.2010. Dieser ist kritisch zu betrachten, weil er zu der Schlussfolgerung verleiten könnte, dass einem städtebaulichen und raumordnerischen Vertrag, der im Hinblick auf eine nachfolgende Bebauungsplanung zwischen einem Investor, der Standortgemeinde einerseits und dem Träger der Regionalentwicklung andererseits in Bezug auf die Erweiterung eines Factory-Outlet-Centers wirksam abgeschlossen worden ist, noch nicht einmal der Stellenwert eines Abwägungsbelangs beizumessen sein kann. Zu dieser Auffassung ist das Tatsachengericht gelangt, und diese hat das BVerwG nicht korrigiert. Denn das BVerwG hat sich an die Auslegung des Tatsachengerichts gebunden gehalten und hat es bei der einzelfallbezogenen Auslegung des Tatsachengerichts bewenden lassen, wonach der im konkreten Einzelfall zu beurteilende Vertrag zur Errichtung eines Vorhabens keine Bindungswirkung hinsichtlich der nachfolgenden Bebauungsplanung im Hinblick auf die Erweiterung dieses Vorhabens entfaltet. Dies ist nicht nur deshalb bedenklich, weil in diesem Einzelfall Wortlaut sowie Sinn und Zweck des Vertrags eine andere Auslegung aufgedrängt haben, sondern auch deshalb, weil es eine Frage der Auslegung von Bundesrecht ist, ob ein wirksamer Vertrag, der im Hinblick auf die nachfolgende planerische Abwägung auf Bindungswirkung abzielt, jemals überhaupt keine Bindungswirkung entfaltet. Es ist ihm meiner Ansicht nach vielmehr generell eine Abwägungsrelevanz beizumessen, insbesondere dann, wenn der Vorhabenträger seinerseits wirksam vertraglich gebunden ist und sich vertragswidrig verhält, wenn er ein Erweiterungsvorhaben im Widerspruch zu der Vertragsbindung betreibt. Dies muss auch die Standortgemeinde in ihrer Abwägung berücksichtigen.

Die Problematik lag in dem vom BVerwG zu beurteilenden Fall zudem darin, dass sich das Tatsachengericht bei der Beurteilung der Frage, ob die Gemeinde einen Anspruch auf Genehmigung eines Flächennutzungsplans gemäß § 6 Abs. 2 BauGB hatte, im Kontrollrahmen der Aufsichtsbehörde bewegte, so dass es für die Versagung der Genehmigung ausreichend war, dass die Flächennutzungsplanung gegen irgendeine Rechtsvorschrift verstieß. Denn gemäß § 216 BauGB ist die Aufsichtsbehörde verpflichtet, auch die Einhaltung der Vorschriften zu prüfen, deren Verletzung sich nach den §§ 214 und 215 BauGB auf die Rechtswirksamkeit eines Flächennutzungsplans oder einer Satzung nicht auswirkt. D. h., dass es auf die Frage der Erheblichkeit und darauf, ob der Abwägungsmangel sich auf das Abwägungsergebnis ausgewirkt hat, im Sinne von § 215 BauGB nicht ankam. Lag ein Abwägungsmangel vor, weil der Belang, dass der Investor sich vertraglich gegenüber dem Träger der Regionalplanung zur Wahrung der Interessen der Nachbargemeinden und der Raumordnung auf eine Verkaufsflächenbegrenzung eingelassen hatte und eine Verpflichtung zur Wahrung der Konzepttreue eingegangen war, in die Abwägung einzustellen war, so war die Aufsichtsbehörde gehalten, diesen Abwägungsmangel zu prüfen und zu beanstanden.

Der Vertragswortlaut lautete auszugsweise wie folgt:

> „Unter raumordnerischen Gesichtspunkten dient dieser Vertrag einem Ausgleich der Interessen der Stadt“ (Erweiterung der Attraktivitätssteigerung des Stadtzentrums, Förderung der Nachnutzung der stadtbildprägenden und denkmalgeschützten Verwaltungsgebäuden auf dem „...“-Gelände) „und des Investors einerseits, und den schutzwürdigen Interessen und den zentralörtlichen Versorgungsfunktionen der umliegenden Gemeinden andererseits. Im Wesentlichen wird dies durch eine Beschränkung der Verkaufsflächengröße und eine genaue Eingrenzung der Sortimentsbereiche des FOC angestrebt“.

Der Investor hat in dem Vertrag darauf verzichtet, Befreiungen von den Bebauungsplanfestsetzungen zu beantragen, soweit diese Art und Maß der FOC-Nutzung betreffen. Er hat damit eine Beschränkung der Verkaufsflächen von maximal 3.500 m^2 mit im Einzelnen vereinbarten Sortimentsbeschränkungen anerkannt. Außerdem hat sich der Investor zu einem regelmäßigen Nachweis der konzeptgebundenen Umsetzung verpflichtet.

In diesem Vertrag war weiter folgender Passus enthalten: „Aus einer Änderung des Bebauungsplans bezogen auf das FOC leitet sich ein Anspruch der Parteien auf Anpassung dieses Vertrags ab“.

Dieser Passus stellte – auch nach der Auslegung des Tatsachengerichts – sicher, dass die prinzipielle Befugnis der Gemeinde zur städtebaulichen Planung durch diesen Vertrag nicht angetastet wurde. Deshalb war der Vertrag nach den Maßstäben des Centro-Beschlusses des BVerwG unstreitig wirksam.

Nach der Argumentation des BVerwG liegt eine vertragliche Bindungswirkung ausgehend von der Auslegung des OVG deshalb nicht vor, weil das OVG dem raumordnerischen und städtebaulichen Vertrag nicht entnommen habe, dass die Klägerin sich gegenüber der Beklagten verpflichtet habe, eine Vorhabenerweiterung planerisch nicht zu ermöglichen. Es sei vielmehr davon auszugehen, dass die Klägerin auch in Bezug auf eine Erweiterung des FOC auf ihr Planungsrecht nicht verzichtet habe. Der Sache nach sei die Frage der Beklagten darauf gerichtet, diese Auslegung des Vertrages einer revisionsgerichtlichen Kontrolle zuzuführen. Der Auslegung eines konkreten Vertrages komme eine fallübergreifende grundsätzliche Bedeutung nicht zu (so ausdrücklich die Begründung des BVerwG[12]).

Wäre davon auszugehen gewesen, dass die Gemeinde in Bezug auf die Erweiterung des FOC auf ihr Planungsrecht verzichtet habe, hätte dies nach der Rechtsprechung des BVerwG im Centro-Beschluss die Unwirksamkeit des Vertrags zur Folge gehabt. Nach den Prämissen des BVerwG gibt es zwischen der vertraglichen Verpflichtung, eine bestimmte Form der Planung zu unterlassen, und der Auslegung des OVG, wonach dem Vertrag keine Bindungswirkung zu entnehmen sei, offenbar keine mittlere Auslegungsvariante mit fallübergreifender grundsätzlicher Bedeutung. Dies ist jedoch zu bezweifeln. Denn es ist eine Frage von grundsätzlicher und fallübergreifender Bedeutung, ob die Vorwegbindung darin bestehen kann, dass ein Vertrag, der ein im Vorfeld abgestimmtes Konzept sichern soll, als Abwägungsbelang bei einer Planungsentscheidung über ein davon abweichendes (Erweiterungs-) Vorhaben zu berücksichtigen ist.[13]

Nun mag zwar das BVerwG an die Auslegung des Vertrags durch die Tatsacheninstanz gebunden sein, soweit diese nicht gegen anerkannte Auslegungsgrundsätze und Denkgesetze verstößt. Schon da hätte das BVerwG möglicherweise ansetzen können. Denn es ist nicht nachvollziehbar, wie das Tatsachengericht zu der Überzeugung kommen konnte, dass ein Vertrag, aufgrund dessen sich ein Investor, der mit der Standortgemeinde gemeinsam ein Factory-Outlet-Center realisieren möchte, wirksam zu einer Beschränkung seines Vorhabens auf eine Maximalverkaufsfläche verpflichtet hat, keine Bindungswirkung in Form eines Abwägungsbelangs für die nachfolgende städtische Erweiterungsplanung entfalten sollte, zumal die Standortgemeinde den Investor zu einem Vertragsbruch veranlassen musste, um ihn zu der Realisierung der Erweiterungsplanung zu veranlassen. Aber auch wenn man diesen Ansatz beiseitelässt, bleibt die Frage, welche Bedeutung ein wirksamer Vertrag, der mit Bezug auf ein Planungskonzept abgeschlossen worden ist, für das nachfolgende Planungs-

12 BVerwG, Beschluss vom 14.4.2010, ZfBR 2010, 463 (467).

13 Vgl. dazu Spannowsky, Die Zulässigkeit abwägungsdirigierender Verträge, in: Spannowsky/Hofmeister (Hrsg.), Die Abwägung – das Herzstück der städtebaulichen Planung, Berlin, 2010, S. 127 ff. (140 f.), und in ZfBR 2010/5, 429 ff. (433 ff.) mit weiteren Nachweisen.

konzept hat, das von dem bisherigen vertraglich festgelegten abweicht und sich sogar darüber hinwegsetzt, dass sich der begünstigte Vorhabenträger daran vertraglich gebunden hatte. Im Vordergrund stand also die Frage nach dem Verhältnis zwischen planbezogenem Vertrag und nachfolgender Planung.[14] Dazu gibt es aber bundesgesetzliche Maßstäbe, deren grundsätzliche Bedeutung und Tragweite zu beurteilen waren. Denn mit dem Bundesrecht nicht vereinbar ist die Annahme des Tatsachengerichts, dass ein Vertrag, der seinem Zweck nach im Hinblick auf ein etwaiges Erweiterungsvorhaben abgeschlossen worden ist, das nur durch städtebauliche Planung ermöglicht werden kann, keine Abwägungsrelevanz im Rahmen der nachfolgenden Bauleitplanung besitzt. Dies ist nur nachvollziehbar, wenn man sachwidrig zwischen Abwägungsrelevanz und Bindungswirkung unterscheidet.

Ganz abgesehen von diesem Einzelfall bleibt nach dieser letzten Entscheidung des BVerwG die Frage, ob und inwieweit vertragliche Regelungen, die überwiegend im Vorfeld der Planung getroffen werden, überhaupt eine Bindungswirkung für eine nachfolgende städtebauliche Planung auslösen können. Setzt man bei der Abwägungsrelevanz an, dürfte zumindest diese nicht zu verneinen sein. Denn wenn die Gemeinde am Vertragsschluss beteiligt war und der Vertrag sich auf ein zwischen den Vertragspartnern abgestimmtes Planungskonzept stützt, ist einem solchen Vertrag stets eine Abwägungsrelevanz beizumessen. Der Vertrag kann insofern nicht anders behandelt werden als die „Ergebnisse eines von der Gemeinde beschlossenen städtebaulichen Entwicklungskonzeptes“ (§ 1 Abs. 6 Nr. 11 BauGB). Der etwaige Einwand, wonach durch einen Vertrag keine Bindung für den Gemeinderat in anderer Zusammensetzung ausgelöst werden dürfe, ist nicht durchschlagend, weil dies auch bei einer vom Gemeinderat beschlossenen Planung oder einem städtebaulichen Entwicklungskonzept nicht anders ist. Denn wenn der Gemeinderat den Inhalt eines Vertrags durch Beschluss gebilligt hat, ist es genauso eine Entscheidung des zuständigen Entscheidungsorgans wie bei einem Satzungsbeschluss oder bei der Entscheidung über ein informelles Entwicklungskonzept. Die in der Pflicht zur Berücksichtigung eines Abwägungsbelangs liegende vertragliche Bindungswirkung führt auch zu keiner erheblichen Verkürzung des planerischen Abwägungsspielraums. Dies ist nicht anders als bei anderen Abwägungsbelangen auch. Dazu kommt, dass gegen die vertragliche Bindungswirkung erst recht nichts eingewendet werden kann, wenn dadurch sonstige öffentliche Belange lediglich konkretisiert werden.

14 Vgl. dazu Spannowsky, Rechtsprobleme im Schnittfeld zwischen städtebaulichen Verträgen und Satzungen, Gewerbearchiv 1998/9, S. 362 ff.

Aufgrund des Beschlusses des BVerwG vom 14.4.2010 sind erhebliche Unsicherheiten für die Planungspraxis entstanden, weil im Vorfeld der Planung vor allem zwischen öffentlichen Planungsträgern vielfältige Abstimmungen stattfinden und diese Ergebnisse vielfach auch vertraglich festgehalten werden müssen. Die auf die restriktive Rechtsprechung des OVG Münster[15] gestützte Position des BVerwG ist diesbezüglich wenig hilfreich. Eine Konsequenz dieser Rechtsprechung dürfte sein, dass die öffentlichen Kooperationspartner sich scheuen, ihren Rechtsbindungswillen in einem öffentlichen Vertrag im Vorfeld der Planung hinreichend deutlich zum Ausdruck zu bringen. Geschieht dies nicht deutlich genug, besteht andererseits die Gefahr, dass dem Vertrag vom Gericht die Bindungswirkung abgesprochen wird, die ihm zugedacht ist und die er zulässigerweise haben darf.

Während eine Gemeinde dem privaten Vorhabenträger gegenüber durch § 12 Abs. 1 BauGB eine gewisse Vorwegbindung auslösen kann, weil diesem nach § 12 Abs. 2 BauGB ein Anspruch darauf zusteht, dass die Gemeinde nach pflichtgemäßem Ermessen über die Einleitung des Bebauungsplanverfahrens entscheidet, so dass die Gemeinde gehalten ist, seine Belange bei dieser Entscheidung zu berücksichtigen, sich dem Vorhabenträger gegenüber bei Inanspruchnahme schutzwürdigen Vertrauens sogar schadensersatzpflichtig machen kann,[16] lässt das BVerwG mit der oben genannten Entscheidung offen, ob die vertragliche Festlegung eines zu berücksichtigenden Belangs im Vorfeld einer etwaigen Planung zur Erweiterung des Vorhabens ein zu berücksichtigender Belang ist bzw. überlässt dies der Auslegung des Vertrags durch das Tatsachengericht im Einzelfall. Dies ist für die immer wichtiger werdenden Kooperationsbeziehungen öffentlicher Planungsträger im Vorfeld städtebaulicher Planung unzuträglich. Nicht nachvollziehbar ist zudem, wieso sich eine Gemeinde nach § 12 Abs. 2 BauGB einem Anspruch des Investors auf pflichtgemäße Entscheidung über die Einleitung eines Bebauungsplanverfahrens aussetzen können soll, während die vertragliche projektbezogene Erweiterungsbeschränkung eines Investors gegenüber Nachbargemeinden und dem Träger der Regionalplanung für die planende Standortgemeinde noch nicht einmal abwägungserheblich sein soll.

15 OVG Münster, Urteil vom 30.9.2009 – 10 A 1676/08, IBR 2010, 180; anders OVG Lüneburg, Beschluss vom 24.3.2009 – 1 MN 267/08, NVwZ-RR 2009, 549 ff.; OVG Schleswig-Holstein, Urteil vom 11.10.2006 – 1 KN 1/05, NordÖR 2007, 507 ff. (510 f.), und VGH Baden-Württemberg, Urteil vom 24.5.2006 – 8 S 1367/05, VwBlBW 2007, 182 ff.

16 Vgl. zu den möglichen Schadensersatzansprüchen des Vorhabenträgers BGH, Urteil vom 18.5.2006 – III ZR 396/04, UPR 2006, 388 f., und VGH Mannheim, Beschluss vom 22.3.2000 – 5 S 444/00, ZfBR 2000, 671 ff.

Und es leuchtet auch nicht ein, warum ein beschlossenes informelles Entwicklungskonzept nach § 1 Abs. 6 Nr. 11 BauGB generell ein zu berücksichtigender Abwägungsbelang sein soll und ein förmlicher Vertrag, der der Sicherung eines förmlichen Planungskonzepts dient, nicht oder allenfalls dann, wenn die Auslegung durch das Tatsachengericht im Einzelfall zu dem Ergebnis führt, dass der Inhalt eines solchen Vertrags bei der nachfolgenden abweichenden Planung zu berücksichtigen ist.

IV. Analyse der Rechtsprechung zum Verhältnis zwischen dem vorhabenbezogenen Bebauungsplan und dem Durchführungsvertrag

Der BayVGH hatte mit seinem Urteil vom 3.8.2010[17] Gelegenheit, zu der rechtlichen Problematik des Vorhandenseins eines Widerspruchs zwischen einem vorhabenbezogenen Bebauungsplan und einem Durchführungsvertrag Stellung zu nehmen. Im Einklang mit der herrschenden Rechtsprechung und Literatur hat der BayVGH betont, dass ein vorhabenbezogener Bebauungsplan ohne wirksamen Durchführungsvertrag seinerseits nicht wirksam sei. Die Problematik bestand in dem vom BayVGH zu beurteilenden Fall darin, dass sich der Vorhabenträger im Durchführungsvertrag zur Verwirklichung eines großflächigen Verbrauchermarkts mit einer Verkaufsfläche von etwa 1.770 m^2 verpflichtet hatte, während dies der Bebauungsplan nicht zuließ, weil dort eine Grundflächenzahl von 0,7 festgesetzt war und in die Berechnung der zulässigen Grundfläche eine private Grünfläche einbezogen war, obwohl diese nicht zu der Fläche im Sinne von § 19 Abs. 3 BauNVO gerechnet werden kann, die als „Bauland" im Sinne dieser Vorschrift zu qualifizieren ist. Dadurch wäre das Vorhaben nur zu realisieren gewesen, wenn teilweise von der Bebauung und/oder von der Errichtung von Stellplätzen abgesehen worden wäre. Wegen dieses Widerspruchs zwischen dem Durchführungsvertrag und dem vorhabenbezogenen Bebauungsplan bejahte der BayVGH einen Verstoß des Bebauungsplans gegen § 1 Abs. 3 Satz 1 BauGB. Denn weil der Durchführungsvertrag den Vorhabenträger zur Realisierung eines Vorhabens verpflichtete, das nach dem vorhabenbezogenen Bebauungsplan nicht zu verwirklichen war, liege wegen der rechtlichen Einheit von Vertrag und vorhabenbezogenem Bebauungsplan auch ein Verstoß gegen

17 Az. 15 N 09.1106, KommunalPraxis BY 2010, 399.

§ 1 Abs. 3 Satz 1 BauGB vor. Denn auch der Bebauungsplan lasse sich nicht verwirklichen, weil ihm kein realisierbarer Durchführungsvertrag zugrunde liege.

Dem BayVGH ist im Ergebnis zuzustimmen. Denn ein Durchführungsvertrag ist ein öffentlich-rechtlicher Vertrag. Zwar ist ein auf eine unmögliche Leistung gerichteter öffentlich-rechtlicher Vertrag nicht unwirksam (vgl. § 62 Satz 2 VwVfG in Verbindung mit § 311a BGB), jedoch erlischt die Leistungspflicht nach der für öffentlich-rechtliche Verträge gemäß § 62 Satz 2 VwVfG entsprechend anwendbaren Rechtsvorschrift des § 275 Abs. 1 BGB unabhängig davon, ob die Unmöglichkeit von Anfang an vorlag oder erst nachträglich eingetreten ist. Und dies wiederum führt dazu, dass die gesetzliche Voraussetzung des § 12 Abs. 1 Satz 1 BauGB, also das Vorliegen einer realisierbaren vertraglichen Verpflichtung des Vorhabenträgers, nicht gegeben ist. Davon aber hängt die Rechtmäßigkeit des vorhabenbezogenen Bebauungsplans ab. Dieser verstößt dann gegen § 12 Abs. 1 BauGB. Anders als nach der Lösung des BayVGH scheitert der Bebauungsplan folglich nicht an seiner mangelnden Realisierbarkeit, sondern daran, dass eine gesetzliche Wirksamkeitsvoraussetzung fehlt, das Vorliegen einer wirksamen vertraglichen Verpflichtung des Vorhabenträgers. Denn die Realisierbarkeit des Bebauungsplans wäre nicht ausgeschlossen, wenn der Vertrag an den Inhalt des Bebauungsplans angepasst würde.

Das Interessante an diesem Fall liegt nicht nur in der Lösung der Problematik eines Widerspruchs zwischen einem Durchführungsvertrag und einem vorhabenbezogenen Bebauungsplan, sondern überdies auch darin, dass in diesem Fall der Widerspruch des nachfolgenden Bebauungsplans zum Vertrag auch zur Unwirksamkeit des Bebauungsplans führt, während in der oben genannten Fallgestaltung eines von einem dreiseitigen planbezogenen städtebaulichen Vertrag abweichenden Bebauungsplans noch nicht einmal eine Abwägungsrelevanz des städtebaulichen Vertrags gegeben sein soll. Hierin liegt ein gravierender Wertungswiderspruch. Der Unterschied in der Rechtsfolge lässt sich auch nicht damit begründen, dass es sich in dem einen Fall um das Verhältnis zwischen einem städtebaulichen und raumordnerischen Vertrag einerseits und einem Bebauungsplan andererseits handelt und im anderen Fall um das Verhältnis zwischen einem Durchführungsvertrag und einem vorhabenbezogenen Bebauungsplan. In beiden Fällen handelte es sich um eine vorhabenbezogene Planung im weiteren Sinne, auch wenn die Gemeinde im oben genannten, vom OVG Münster beurteilten Fall den Bebauungsplan nicht als vorhabenbezogenen Bebauungsplan aufgestellt hat. De facto handelte es sich um eine „Investorenplanung“, weshalb sich die Frage stellt, ob die Wirksamkeit eines vom vorausgehenden konzeptsichernden Vertrag abweichenden Bebauungsplans davon abhängt, wie die Gemeinde die Instrumentenkombination klassifiziert hat.

Nun ist es zwar zweifellos so, dass nicht jede Abweichung eines Bebauungsplans von einem planbezogenen vorausgehenden städtebaulichen Vertrag zur Unwirksamkeit des Bebauungsplans führen kann, wenn es sich nicht um einen vorhabenbezogenen Bebauungsplan im Sinne von § 12 Abs. 1 BauGB gehandelt hat. Wenn aber wie im Fall, den das OVG Münster zu entscheiden hatte, der Vorhabenträger sich einer Verpflichtung unterworfen hat, sein Vorhaben nicht zu erweitern und die Gemeinde davon abweicht, ist die Bebauungsplanung von dem vorausgehenden Vertrag nicht vollständig losgelöst. Genaugenommen ist der Vorhabenträger weiterhin vertraglich gebunden, so dass er rechtlich aufgrund der eingegangenen Verpflichtung gehindert ist, dem Angebot der Standortgemeinde, das diese mit der Planung des Erweiterungsvorhabens unterbreitet hat, nachzukommen. Dies kann bei der planerischen Abwägung nicht außer Acht gelassen werden. Denn die Gemeinde veranlasst in einem solchen Fall den Vorhabenträger zu einem Vertragsbruch.

V. Analyse der Rechtsprechung zu informellen Planungsinstrumenten

Gegenstand der Rechtsprechung sind nicht nur informelle Planungsinstrumente, die wie städtebauliche Entwicklungskonzepte oder Rahmenpläne, soweit sie von der Gemeinde beschlossen worden sind, gemäß § 1 Abs. 6 Nr. 11 BauGB abwägungserheblich sind, sondern auch Einzelhandelsgutachten und Einzelhandelskonzepte. Es handelt sich dabei zwar um informelle Instrumente, die für sich keine rechtsverbindlichen Festlegungen enthalten, jedoch kommt ihnen in der gerichtlichen Praxis mitunter ausschlaggebende Bedeutung[18] zu. Uechtritz hat insofern auf das in neuerer Zeit zu beobachtende Phänomen aufmerksam gemacht, dass vor allem die Einzelhandelskonzepte in jüngster Zeit vermehrt die Rechtsprechung beschäftigt haben.[19] In der Rechtsprechung werden an die

18 Zur Bedeutung informeller Planungen in der Abwägung vgl. ausführlich Uechtritz, in: Spannowsky/Hofmeister, Die Abwägung – das Herzstück der städtebaulichen Planung, S. 69 ff.

19 Dazu Uechtritz, Die Bedeutung informeller Planungen in der Abwägung, in: Spannowsky/Hofmeister, Die Abwägung – das Herzstück der städtebaulichen Planung, S. 76 mit Hinweis auf die Rechtsprechung des BVerwG, BauR 2008, 325; ZfBR 2009, 463 und ZfBR 2009, 686; VGH BW, Urteil vom 31.8.2007 – 5 S 2103/06 – BeckRS 2007 26627.

Einzelhandelskonzepte wegen ihrer Abwägungsrelevanz und ihrer Bedeutung für die Schlüssigkeit der Planbegründung rechtliche Anforderungen gestellt.

Einzelhandelskonzepte und Einzelhandelsgutachten dienen überdies im Rahmen der nachvollziehenden richterlichen Abwägungskontrolle der inhaltlichen Unterfütterung des Abwägungsergebnisses und werden wie auch die Einzelhandelsgutachten bei der Überprüfung von bebauungsplanungsrechtlichen Festsetzungen, insbesondere beim Ausschluss bestimmter Einzelhandelsbetriebe zur Verstärkung einer defizitären städtebaulichen Begründung herangezogen[20] oder auch umgekehrt zur Rechtfertigung der Ansiedlung großflächiger Einzelhandelsbetriebe an bestimmten Standorten, wenn deren Zentrenverträglichkeit von anderer Seite in Frage gezogen wird.[21]

Nicht nur vom Gemeinderat beschlossene Einzelhandelskonzepte erlangen in der Rechtsprechung im Rahmen der Überprüfung von Bebauungsplänen Maßstabsfunktion, sondern auch sogar „Vorgezogene Stellungnahmen" und „Einzelhandelsgutachten", obwohl es sich dabei um informelle Instrumente handelt.

Die rechtlichen Anknüpfungspunkte für die Bedeutung, die diesen informellen Instrumenten zukommt, bilden das Erfordernis der städtebaulichen Rechtfertigung einer nutzungsbeschränkenden Festsetzung und die Anforderungen an die Abwägung. Daraus hat das BVerwG abgeleitet, dass das Einzelhandelskonzept, wenn es die Basis für die städtebauliche Rechtfertigung nutzungsbeschränkender Festsetzungen und die planerische Abwägungsentscheidung bilde, ein auf das gesamte Stadtgebiet bezogenes Konzept beinhalten müsse und nachvollziehbar sowie in sich widerspruchsfrei sein müsse.[22] Eine Gemeinde habe es jedoch in der Hand, ob sie sich bei der Planbegründung auf ein allgemeines Konzept, wie z. B. ein Einzelhandelskonzept stütze, oder ihre Festsetzungen im jeweiligen Bebauungsplan eingehend begründe.[23] Welchen Stellenwert im Einzelfall eine „Vorgezogene Stellungnahme" für die Abwägung hat, hängt nach der Rechtsprechung des BVerwG von den Umständen des Einzelfalls, insbesondere davon ab, ob in ihr oder erst in einem nachfolgenden Einzelhandelskonzept die für die Abwägung maßgebenden Tatsachen enthalten sind.[24]

In jüngster Zeit ist dadurch eine Kasuistik der obergerichtlichen Rechtsprechung der OVGs im Rahmen der Überprüfung von Bebauungsplänen entstan-

20 So im Fall des HessVGH, Urteil vom 16.12.2010 – 4 C 1272/10.NE.

21 So im Fall des OVG Münster, Urteil vom 30.9.2009 – 10 A 1676/08, BauR 2010, 426 ff.

22 Vgl. BVerwG, Urteil vom 26.3.2009 – 4 C 21/07, ZfBR 2009, 463 (465).

23 So ausdrücklich BVerwG, Beschluss vom 24.1.2011 – 4 B 44/10, BeckRS 2011, 47423 im Anschluss an das Urteil des BVerwG vom 29.1.2009 – 4 C 16.07 – BVerwGE 133, 98 Rn. 25 ff.

24 Vgl. BVerwG, Beschluss vom 23.7.2009 – 4 BN 28/09, ZfBR 2009, 686 f.

den. Dabei werden die Aussagen in den Einzelhandelskonzepten, soweit es die städtebauliche Rechtfertigung eines Sondergebiets mit Sortimentsbeschränkung für den Einzelhandel anbelangt, in manchen Fällen in Stellung gegen das gemeindliche Plankonzept gebracht, in manchen Fällen wird den Einzelhandelskonzepten trotz Widersprüchen in der Methodik und Unterschieden bezüglich der Prognosen für denselben Untersuchungsraum geglaubt und das von der Gemeinde erstrebte Ergebnis gehalten. So hat das OVG NRW in einem Urteil vom 24. 9.2010[25] die Festsetzung eines Sondergebiets „Einzelhandel mit Wohnungen" mit der Beschränkung auf nicht zentren- und nahversorgungsrelevante Sortimente zutreffend daran scheitern lassen, dass diese Festsetzung in Widerspruch zu dem vom Gemeinderat beschlossenen Einzelhandelskonzept stand und dieser Widerspruch in der Bebauungsplanung nicht aufgelöst worden ist. Denn in dem beschlossenen Einzelhandelskonzept sowie einem weiteren Einzelhandelsgutachten war die planerische Weiterentwicklung als Ergänzung des innerstädtischen Einzelhandelsangebots mit nahversorgungs- bzw. zentrenrelevanten Sortimenten empfohlen worden. Damit ließ sich diese Beschränkung des Einzelhandels am fraglichen Standort auf nicht zentren- und nahversorgungsrelevante Sortimente nicht in Einklang bringen, zumal damit auch nicht großflächiger Einzelhandel mit zentren- und nahversorgungsrelevanten Ergänzungsangeboten ausgeschlossen worden ist. Das OVG hat es dahinstehen lassen, ob schon der Planung die städtebauliche Rechtfertigung fehlt, weil dieser Fehler zumindest als beachtlicher Mangel im Abwägungsergebnis zu beurteilen war. Dabei war ausschlaggebend, dass die vorgesehene Festsetzung zu unangemessenen Beeinträchtigungen des Eigentums des Antragsstellers führte und damit eine Abwägungsdisproportionalität nachgewiesen werden konnte. Der fragliche Bebauungsplan enthielt keine Festsetzungen zum sogenannten aktiven Bestandsschutz, also zur Möglichkeit der Erweiterung, dem Wiederaufbau im Fall der Zerstörung oder baulichen Umstrukturierungsmöglichkeiten.

In einem weiteren Urteil vom 18.5.2010 hat das OVG NRW[26] beanstandet, dass die Gemeinde dem Einzelhandelskonzept gefolgt sei, ohne sich mit bestandsschützenden Festsetzungen im Sinne von § 1 Abs. 10 BauNVO zu befassen. Zudem hat es die räumliche Abgrenzung des zentralen Versorgungsbereichs im Einzelhandelsgutachten als nicht nachvollziehbar beurteilt, weil diese allein mit einer Verkehrszäsur gerechtfertigt worden sei. Überdies hat das OVG einen Verstoß gegen § 1 Abs. 9 BauNVO darin gesehen, dass die Sortimentsliste nicht

25 Az. 2 D 74/08, BeckRS 2010, 56066.

26 Az. 10 D 92/08, IBRRS 76230.

auf einer konkreten Betrachtung der örtlichen Verhältnisse beruht habe und dass der Ausschluss auch kleinflächiger Einzelhandelsbetriebe weder im Einzelhandelsgutachten noch in der Planbegründung nachvollziehbar begründet sei. Schließlich hat es bemängelt, dass die Sortimentsliste im konkreten Fall nicht die gebotene Klarheit aufweise, um den Einzelhandelsausschluss rechtfertigen zu können.

Andererseits hat das OVG NRW in seinem Urteil vom 30.9.2009[27] Widersprüche, die in Bezug auf die Prognosegrundlagen in den Einzelhandelsgutachten erkennbar geworden sind, die zwei benachbarte Gemeinden, die beide konkurrierend ein Factory-Outlet-Center realisieren wollten, für denselben räumlichen Untersuchungsbereich in Auftrag gegeben haben, als unerheblich qualifiziert. Für das OVG war in diesem Fall auch die übereinstimmende Feststellung der Gutachter, wonach die Realisierung beider konkurrierender Vorhaben zu städtebaulichen und raumordnerischen Fehlentwicklungen führen würde, unerheblich. In diesem Fall wurde der planenden Gemeinde nicht vorgeworfen, dass eine Konfliktlösung in Abstimmung mit der Nachbargemeinde hätte versucht werden müssen und dass ein Widerspruch zu dem mit dem Investor im Vorfeld vertraglich abgestimmten Planungskonzept gegeben war. In diesem Fall hat sich das OVG sogar über die Feststellung des Gutachters im streitgegenständlichen Verwaltungsrechtsstreit hinweggesetzt, wonach die ursprünglich vom Investor vorgesehene Verkaufsfläche von 13.000 m² zur Vermeidung von negativen städtebaulichen Auswirkungen und zur Sicherstellung der raumordnerischen Verträglichkeit insbesondere mit Blick auf die Gemeinde auf 11.500 m² Verkaufsfläche reduziert werden sollte. Denn das OVG hat die darauf bezogenen Darstellungen im Flächennutzungsplan mit der Begründung korrigiert, der Flächennutzungsplan dürfe grundsätzlich nicht derart detaillierte Darstellungen enthalten, dass für eine planerische Entwicklung im Bebauungsplan kein Raum bleibe. Diese gesetzliche Korrektur führte aber im Ergebnis nicht nur zu einer Änderung des vom Gemeinderat anders beschlossenen Planungskonzepts, sondern auch zu einer Abweichung vom Einzelhandelsgutachten und stand auch im Widerspruch zu den Vorstellungen der beklagten Aufsichtsbehörde. Es bleibt damit – unabhängig vom entschiedenen Einzelfall – die kritische Frage, ob und inwieweit das Tatsachengericht ein gemeindliches Planungskonzept eigenmächtig im Widerspruch zum Einzelhandelsgutachten in der Weise korrigieren darf, dass der Flächennutzungsplan mit dem ihm vom Gericht gegebenen modifizie-

27 Az. 10 A 1676/08, BeckRS 2009, 39379.

renden Planungsinhalt wirksam wird. Soll diese richterliche Korrektur ohne erneute Abwägung des Planungsträgers möglich sein?

Die Rechtsprechungsanalyse bezüglich informeller Planungsinstrumente macht deutlich, dass die förmliche städtebauliche Planung, insbesondere die Bebauungsplanung, durch die informelle Planung zu Fall gebracht werden kann. Dabei besteht allerdings die Gefahr, dass einem Einzelhandelsgutachten im Einzelfall mehr Bedeutung beigemessen wird als dem Gestaltungswillen des demokratisch legitimierten und sachlich für die Planungsentscheidung zuständigen Planungsträgers. Diese Problematik tritt nicht nur im Beziehungsgefüge zur Gemeinde, sondern auch im Beziehungsgefüge zur Landesplanung auf. Besonders kritisch ist es, wenn dem Richter wie im Fall des OVG NRW[28] die Befugnis zuerkannt wird, die Planung einer Gemeinde im Widerspruch zu den Gestaltungsvorstellungen dieser Gemeinde und zudem im Widerspruch zu der beklagten Aufsichtsbehörde, die zugleich die Erfordernisse der Raumordnung geltend gemacht hat, zu korrigieren. So wie das BVerwG in seinem Urteil vom 17.12.2009[29] zutreffend in Bezug auf § 34 Abs. 3 BauGB deutlich gemacht hat, dass weder Einzelhandelskonzepte noch ein Landesentwicklungsprogramm den tatsächlichen Zulässigkeitsmaßstab des § 34 Abs. 3 in Verbindung mit Abs. 1 BauGB verändern können, ist im Rahmen der Bauleitplanung zu berücksichtigen, dass die Befugnis zur Planung bei der Gemeinde und nicht den Gesellschaften liegt, die Einzelhandelsgutachten erstellen. Dies ändert freilich nichts daran, dass die gemeindliche Planung sachlich gerechtfertigt und abwägungsgerecht sein muss und dass eine Auseinandersetzung mit einem einmal beschlossenen Einzelhandelskonzept erfolgen muss, wenn dazu Widersprüche auftreten.

Gerade in Bezug auf die Steuerung der Einzelhandelsentwicklung durch Sortimentsbeschränkungen hat die Rechtsprechung im Lichte des Eigentumsschutzes Maßstäbe herausgebildet und diese Steuerungsmöglichkeiten damit rechtsstaatskonform gemacht. Die sortimentsspezifischen textlichen Festsetzungen sind danach unter dem Aspekt der fehlenden sachlichen Rechtfertigung oder der Abwägungsfehlerhaftigkeit an folgenden Mängeln gescheitert:

- an der fehlenden Schlüssigkeit des planerischen Gesamtkonzepts,[30]
- an der fehlenden Bestimmtheit,
- an der fehlenden städtebaulichen Begründung,
- an einer fehlenden oder nicht zulässigen Umschreibung einer Anlagenart,

28 Az. 10 A 1676/08, BeckRS 2009, 39379.

29 Az. 4 C 1/08, NVwZ 2010, 587 ff.

30 Vgl. OVG Rheinland-Pfalz, Urteil vom 5.11.2007 – 1 C 10962/07, BauR 2008, 136.

- an einer Vernachlässigung der konkreten örtlichen Verhältnisse[31] und
- an der willkürlichen Zusammenstellung oder Abgrenzung der Sortimente oder der Sortimente von den Neben- und Randsortimenten.

In Bezug auf die sortimentsspezifische Steuerung der Einzelhandelsentwicklung ist aber in der Rechtsprechung die Unterscheidung zwischen der Steuerung des Einzelhandels zum Schutz vorhandener zentraler Versorgungsbereiche und der Steuerung des Einzelhandels im Hinblick auf die planerische Entwicklung neuer zentraler Versorgungsbereiche teilweise zu kurz gekommen. Bei der Neuplanung oder Entwicklung zentraler Versorgungsbereiche darf der Gestaltungswille des zuständigen Planungsträgers nicht vernachlässigt werden. Während in dem Fall des Schutzes zentraler Versorgungsbereiche im Einklang mit der Rechtsprechung die tatsächlich vorhandene Sortimentsstruktur maßgebend ist, kann es dem Planungsträger nicht verwehrt sein, in Bezug auf die Neuplanung von zentralen Versorgungsbereichen von etwaigen Standards auszugehen, da es ja in diesem Fall keinen vorhandenen Bestand mit einer bestimmten Sortimentsstruktur gibt. Deshalb muss einem Planungsträger die Befugnis eingeräumt werden, sich bei der Entwicklung eines zentralen Versorgungsbereichs an etwaigen Standards (ggf. auch an landesplanerischen Entwicklungsvorstellungen) für die Neuplanung von zentralen Versorgungsbereichen zu orientieren oder sich selbst ein planerisches Konzept zur Entwicklung eines zentralen Versorgungsbereichs mit einer bestimmten bzw. besonderen Sortimentsstruktur zu machen. Hierbei muss dem Gestaltungswillen des zuständigen Planungsträgers in gebotenem Maße Rechnung getragen werden. Deshalb muss einem Planungsträger auch die prinzipielle Befugnis zugebilligt werden, im Plangebiet nicht die im Einzelhandelsgutachten empfohlene Ergänzung eines zentralen Versorgungsbereichs um zentrenrelevante Sortimente vorzusehen. Freilich muss die abweichende Konzeption städtebaulich gerechtfertigt sein und dem Abwägungsgebot Rechnung tragen. Hierbei dürfen allerdings, wenn damit zugleich der Schutz vorhandener zentraler Versorgungsbereiche erstrebt wird, keine allzu strengen Anforderungen gestellt werden. Denn immerhin handelt es sich dabei um einen Belang, der auch bundesrechtlich als gewichtiger öffentlicher Belang anerkannt ist.

31 Dazu VGH BW, Urteil vom 4.5.2007 – 5 S 2484/05, und OVG NRW, Urteil vom 3.6.2002 – 7a D 92/99.NE, BRS 65 Nr. 38, vom 22.4.2004 – 7a D 142/02.NE, BRS 67 Nr. 12, und Urteil vom 30.1.2006 – 7 D 8/04.NE.

VI. Analyse der Rechtsprechung zu den Instrumenten der Innenentwicklung aus dem besonderen Städtebaurecht

1. Komplexe städtebauliche Maßnahmen der Innenentwicklung und private Initiativen zur Stadtentwicklung

Die komplexen städtebaulichen Instrumente des besonderen Städtebaurechts, die städtebaulichen Sanierungsmaßnahmen gemäß § 136 ff. BauGB und die städtebaulichen Entwicklungsmaßnahmen gemäß § 165 ff. BauGB, die Stadtumbaumaßnahmen gemäß §§ 171a ff. BauGB und die Maßnahmen der Sozialen Stadt gemäß § 171e BauGB, leisten schon immer einen wesentlichen Beitrag zur Innenentwicklung der Städte und Gemeinden. Diese Instrumente haben zwar die höchstrichterliche Rechtsprechung auch bis in die neuere Zeit hinein vielfach beschäftigt, jedoch stehen dabei vor allem spezielle Einzelfragen im Vordergrund, denen im Rahmen dieser Abhandlung, die sich auf die allgemein für die Innenentwicklung relevanten Aspekte der Instrumentenanalyse konzentriert, nicht nachgegangen werden kann.

In Bezug auf die städtebauliche Sanierung ist gegenwärtig im gewählten zeitlichen Bezugsrahmen der Rechtsprechungsanalyse auf eine Entscheidung des BVerwG vom 24.3.2010[32] einzugehen, die für die Innenentwicklung eine allgemeine Tragweite besitzt. In dieser Entscheidung hat das BVerwG die Frage, ob eine Gemeinde vor Ausweisung eines Sanierungsgebietes in einem Naturschutz- und FFH-Gebiet ihr Sanierungskonzept auf seine Verträglichkeit mit den Erhaltungszielen des Gebietes hin überprüfen muss, um abwägungsfehlerfrei sicherzustellen, dass das beabsichtigte Gesamtkonzept durchführbar und das Sanierungsziel erreichbar ist, verneint. Begründet hat das BVerwG seine Auffassung damit, dass die Sanierungssatzung eine erhebliche Beeinträchtigung eines FFH-Gebietes in für die Erhaltungsziele maßgeblichen Bestandteilen nicht zu bewirken vermöge.

Diese Begründung ist zutreffend. Die §§ 34 ff. BNatSchG sind aus der Umsetzung der Anforderungen der FFH-Richtlinie hervorgegangen. Maßgebend für die Auslegung einer EU-Richtlinie sind der Wortlaut und der Richtlinienzweck. Nach den in der FFH-Richtlinie vorangestellten, diese tragenden Gründen sind Pläne und Projekte, die sich auf die mit der Ausweisung eines Gebiets verfolgten Erhaltungsziele wesentlich auswirken könnten, einer angemessenen Prüfung zu unterziehen. Nach Art. 6 Abs. 3 Satz 1 FFH-Richtlinie erfordern Pläne oder

32 Az. 4 BN 60/09, BeckRS 2010 48670.

Projekte, die nicht unmittelbar mit der Verwaltung des Gebietes in Verbindung stehen oder hierfür nicht notwendig sind, die ein solches Gebiet jedoch einzeln oder in Zusammenwirkung mit anderen Plänen und Projekten erheblich beeinträchtigen könnten, eine Prüfung auf Verträglichkeit mit den für dieses Gebiet festgelegten Erhaltungszielen. Zu solchen Plänen gehört die Sanierungssatzung nicht. Das BVerwG hat die Sanierungssatzung zutreffend als „Rahmenordnung, die auf Konkretisierung angelegt ist" bezeichnet. Der Sanierungsbebauungsplan dient zwar der Zielverwirklichung, ist aber – worauf das BVerwG ebenfalls abgestellt hat – nicht aus der Sanierungssatzung zu entwickeln. Es handelt sich bei der Sanierungssatzung um ein gebietsbezogenes Instrument der Innenentwicklung, durch das das Sanierungsgebiet abgesteckt wird. Die Sanierungssatzung löst nach § 145 BauGB unmittelbar nur Rechtsfolgen aus, die der Sicherung der erstrebten Sanierungszwecke dienen. Die Ordnungs- und Baumaßnahmen zur Realisierung der Ziele und Zwecke der Sanierung sind Gegenstand der Durchführung. Dafür müssen aber weitere Instrumente zur Anwendung gebracht werden. Erst diese können erhebliche Beeinträchtigungen eines FFH-Gebietes zur Folge haben.

Im Rahmen der Instrumentenanalyse von grundsätzlicher Bedeutung für die hier zu erörternde Thematik ist auch das Urteil des OVG Hamburg zum hamburgischen Business-Improvement-Modell vom 27.8.2010[33]. Dabei handelt es sich um eine Maßnahme im Sinne von § 171f BauGB.

Das OVG hat das gesetzlich fundierte hamburgische Modell, das eine Abgabenerhebung im Zusammenhang mit der Einrichtung eines Innovationsbereichs zur Stärkung von Einzelhandels- und Dienstleistungszentren in Hamburg zum Gegenstand hat, gebilligt und das vorausgehende Urteil des VG Hamburg abgeändert.

Bemerkenswert sind in Bezug auf den Themengegenstand der Innenentwicklung vor allem zwei Aspekte: Das OVG Hamburg hat das hamburgische Gesetzes zur Stärkung der Einzelhandels- und Dienstleistungszentren vom 28.12.2004 nicht dem Kompetenzbereich des Boden- und Baurechts gemäß Art. 74 Abs. 1 Nr. 18 GG zugeordnet, worauf die Regelung des § 171f BauGB „Private Initiativen zur Stadtentwicklung" gestützt ist, sondern dem Kompetenzbereich des Rechts der Wirtschaft gemäß Art. 74 Abs. 1 Nr. 11 GG, weil es sich um eine Regelung der Wirtschaftsförderung handele. Für die Einrichtung eines Innovationsbereichs, wozu ein Business-Improvement-District zu rechnen ist, seien andere Gründe maßgebend als die, die für das Eingreifen des städtebaulichen Instru-

33 Az. 1 Bf 149/09, ZfBR 2011, S. 53 ff.

mentariums wesentlich seien. Während städtebauliche Sanierungsmaßnahmen das Vorliegen städtebaulicher Missstände (vgl. § 136 Abs. 2 Nr. 2 BauGB), städtebauliche Entwicklungsmaßnahmen eine städtebauliche Neuordnung (vgl. § 165 Abs. 2 BauGB), Stadtumbaumaßnahmen erhebliche städtebauliche Funktionsverluste (vgl. § 171a BauGB) und die Maßnahmen der sozialen Stadt eine erhebliche Benachteiligung eines Gebietes infolge der Zusammensetzung und wirtschaftlichen Situation der darin lebenden und arbeitenden Menschen (vgl. § 171e Abs. 2 Satz 1 und 2 BauGB) voraussetzten, stehe bei der Anwendung dieses BID-Gesetzes die Stärkung und Entwicklung gewachsener urbaner Einzelhandels- und Dienstleistungszentren im Vordergrund.

Diese in dem Urteil des OVG Hamburg vorgenommene Zuordnung zum Kompetenzbereich des Rechts der Wirtschaft bildete zugleich den logischen Schlüssel dafür, dass sich die gewählte Organisationsstruktur für die Wahrnehmung der damit verbundenen Aufgaben rechtfertigen ließ. Denn die Aufgaben, die im Rahmen des eingerichteten Innovationsbereichs eines BID wahrzunehmen sind, wie z. B. die gemeinschaftliche Durchführung von Werbemaßnahmen und die Organisation von Veranstaltungen, aber auch der Umbau einer öffentlichen Straße, hat das OVG Hamburg nicht dem Bereich der klassischen staatlichen Aufgaben eines Selbstverwaltungsträgers wie den Gemeinden zugerechnet. Es handele sich dabei vielmehr um Maßnahmen, die der Staat zwar im öffentlichen Interesse an einer Stärkung der gewachsenen Einzelhandels- und Dienstleistungszentren durch die Einrichtung eines Innovationsbereichs unterstütze, die er aber selbst ohne die Privatinitiative und Privatfinanzierung nicht in Angriff nehmen würde.

In Analogie zu den Grenzen der Einbeziehung Privater im Bereich der mittelbaren Staatsverwaltung, also im Bereich der Organisations- und Beteiligungsprivatisierung,[34] hat das OVG Hamburg auch für diesen Bereich die aus dem Demokratie- und Rechtsstaatsprinzip folgenden Bindungen und Kontrollanforderungen geprüft und letztlich die Zulässigkeit der Aufgabenübertragung auf der Basis des Gesetzes zur Stärkung der Einzelhandels- und Dienstleistungszentren vom 28.12.2004 bejaht. Auch die weiteren von der Klägerin vorgetragenen rechtsstaatlichen, finanzverfassungsrechtlichen und europarechtlichen Bedenken gegen die Rechtmäßigkeit der Abgabenerhebung hat das OVG Hamburg zurückgewiesen.

34 Vgl. dazu mit weiteren Nachweisen Spannowsky, Öffentlich-rechtliche Bindungen gemischt-wirtschaftlicher Unternehmen, in: ZHR 160 (1996), 560 ff., und ders., Der Einfluss öffentlich rechtlicher Zielsetzungen auf das Statut privatrechtlicher Eigengesellschaften der öffentlichen Hand – Öffentlich-rechtliche Vorgaben, insbesondere zur Ingerenzpflicht, ZGR 1996, 400 ff.

Damit ist eine Basis dafür vorhanden, private Initiativen zur Stadtentwicklung im Sinne von § 171f BauGB zu nutzen und die entsprechende Privatfinanzierung dieser Maßnahmen sicherzustellen, soweit sich diese Maßnahmen auf die Förderung der Wirtschaft konzentrieren. Zugleich sind damit aber auch die Grenzen markiert. Denn das OVG Hamburg hat verdeutlicht, dass es sich dabei um kein städtebauliches Instrument handelt, mit dem auch sonstige städtebauliche Entwicklungen und Innenstadtentwicklung finanziert werden können. Ob und inwieweit sich die Schlussfolgerungen des OVG Hamburg generell auf private Initiativen im Sinne von § 171f BauGB übertragen lassen, ist zweifelhaft, aber im Ergebnis auf der Linie der Entscheidung des OVG Hamburg zu verneinen. Denn die Durchführung und Finanzierung städtebaulicher Maßnahmen gehört zu den Bereichen, die den Gemeinden als Träger der kommunalen Selbstverwaltung zugeordnet sind. Die Durchführung und Finanzierung städtebaulicher Maßnahmen, die sich als hoheitliche Tätigkeit oder als eine Wahrnehmung kommunaler Daseinsvorsorge oder Planungsaufgaben darstellen, darf folglich anders als die im hamburgischen BID-Gesetz ermöglichten Maßnahmen auf dem Gebiet der privatinitiierten Maßnahmen zur wirtschaftsfördernden Verbesserung des urbanen Umfelds und der gemeinschaftlichen Vermarktung nicht in gleicher Weise auf Private übertragen werden.[35] Zur Finanzierung von Stadtumbaumaßnahmen oder Maßnahmen der Stadterneuerung oder der Quartiersentwicklung kann eine „Innovationsabgabe", die das OVG als beitragsähnliche Sonderabgabe qualifiziert hat, demzufolge nicht herangezogen werden. Denn zutreffend hat das OVG Hamburg darauf hingewiesen, dass diese im Fall des hamburgischen BID-Gesetzes nicht der Finanzierung der Aufgaben des Staates, der Gemeinden oder anderer Hoheitsträger, sondern der Abdeckung des Aufwands eines Privaten für Innovationsmaßnahmen, welche private Initiatoren angestoßen haben, dient, wobei das Abgabenaufkommen bei der Innovationsabgabe gruppennützig verwendet werde.

2. Erhaltungs- und Gestaltungssatzungen als Instrumente der Innenentwicklung

Neben der städtebaulichen Sanierung spielen die Erhaltungs- und Gestaltungssatzungen als Instrumente der Innenentwicklung in der Planungspraxis eine

35 Vgl. dazu und zum Ganzen Kersten, in: Spannowsky/Uechtritz, BauGB, Kommentar, § 171 f BauGB, Rn. 53, und zu Abgrenzungsproblemen ders., UPR 2007, 121 (124 ff.).

zentrale Rolle. Hierzu gibt es einige neuere Entscheidungen mit grundsätzlicher Bedeutung für diese Thematik.

Die Steuerungswirkung der Erhaltungssatzungen besteht darin, dass bestimmte Maßnahmen der baulichen Umgestaltung aus städtebaulichen Gründen in einem „zweistufigen System"[36] aufgrund eines durch Satzung eingeführten Genehmigungsvorbehalts der gemeindlichen Kontrolle unterworfen werden. Bei der Erhaltungssatzung sind dies der Rückbau, die Änderung oder die Nutzungsänderung baulicher Anlagen, die zum Zweck der Erhaltung der städtebaulichen Eigenart eines Gebiets auf Grund seiner städtebaulichen Gestalt (§ 172 Abs. 1 Nr. 1 BauGB), zum Zweck der Erhaltung der Zusammensetzung der Wohnbevölkerung (§ 172 Abs. 1 Nr. 2 BauGB) oder zum Zweck städtebaulicher Umstrukturierungen (§ 172 Abs. 1 Nr. 3 BauGB) einem Genehmigungsvorbehalt zugunsten der jeweiligen Gemeinde unterworfen werden. Aufgrund der Gestaltungssatzungen können Gemeinden zusätzliche Anforderungen zur äußeren Gestaltung baulicher Anlagen begründen, die entweder selbständige Bedeutung als Genehmigungsvoraussetzung erlangen oder als Regelungsinhalte zum Inhalt eines Bebauungsplans gemacht werden können (vgl. § 86 Abs. 2 Musterbauordnung in der Fassung von 2002, zuletzt geändert im Oktober 2008). Damit wird im Interesse des kommunalen planerischen Gestaltungsrechts zugunsten der jeweiligen Gemeinde für bestimmte bauliche Anlagen wie z. B. Werbeanlagen, Einfriedungen usw. ein Kontrollvorbehalt begründet.

Das OVG Rheinland-Pfalz hatte in einem Urteil vom 31.7.2008[37] über die Aufhebung eines Ablehnungsbescheides über einen Antrag zum Abriss einer innerstädtischen Villa („Villa Nau" in Bingen) zu entscheiden. Am Standort der Villa, deren Abriss die Klägerin begehrt hatte, sollten Parkplätze für einen benachbarten Einzelhandelsbetrieb entstehen. Der Ablehnungsbescheid war auf die §§ 172, 173 BauGB in Verbindung mit der gemeindlichen Erhaltungssatzung gestützt. Das OVG hat der Klage im Ergebnis stattgegeben. Es hat zwar nicht die Wirksamkeit der Erhaltungssatzung in Frage gezogen, aber den nach § 172 Abs. 3 Satz 1 BauGB in Bezug auf die konkret zu beurteilende bauliche Anlage angeführten Grund für die Versagung der Genehmigung als nicht gegeben angesehen, weil die bauliche Anlage – anders als die Stadt meinte – weder allein noch im Zusammenhang mit anderen baulichen Anlagen das Ortsbild, die Stadtgestalt oder das Landschaftsbild prägte. Der Senat hat seine Überzeugung von den tatsächlichen Gegebenheiten selbst durch Ortsbesichtigung gewonnen. Die

36 So zutreffend OVG Rheinland-Pfalz, Urteil vom 31.7.2008 – 1 A 10361/08.OVG, BauR 2009, 81 ff.

37 Az. 1 A 10361/08.OVG, BauR 2009, 81 ff.

Nichtzulassungsbeschwerde gegen das Urteil des OVG hat das BVerwG[38] verworfen.

Im Hinblick auf die Innenentwicklung ist die Aussage des OVG von Bedeutung, dass an die Abgrenzung des Erhaltungsgebiets selbst unter dem Aspekt der konkreten Erhaltungswürdigkeit einzelner baulicher Anlagen keine hohen Anforderungen zu stellen seien, dass aber nach § 172 Abs. 3 Satz 1 BauGB in Bezug auf die konkrete bauliche Anlage zu prüfen sei, ob die Voraussetzungen für die Versagung der Genehmigung vorliegen. Für das Verständnis dieser Entscheidung sind vor allem die Ausführungen des OVG zur Frage der städtebaulichen Rechtfertigung der Erhaltungssatzung als Instrumentarium der Innenentwicklung von Bedeutung. Denn zutreffend hat das OVG darauf hingewiesen, dass der Einsatz dieses Instrumentariums nicht allein auf Denkmalschutzgründe gestützt werden darf.[39] Die Belange des objektbezogenen Denkmalschutzes können zwar damit ebenfalls gefördert werden, jedoch muss sich der Einsatz der Erhaltungssatzung aus städtebaulich funktionellen Gesichtspunkten heraus rechtfertigen lassen. Deshalb ist schon bei der Erhaltungssatzung maßgebend, ob das Erhaltungsgebiet eine städtebauliche Eigenart aufweist, die sich aus seiner städtebaulichen Gestalt ergibt.[40] In Bezug auf das zu beurteilende bauliche Vorhaben, den Abriss der Villa, war daher gemäß § 172 Abs. 3 Satz 1 BauGB zu prüfen, ob dieses Gebäude für sich allein oder als Bestandteil eines Ensembles prägenden Charakter für das Ortsbild oder die Stadtgestaltung besitzt. Dies hat das OVG in diesem konkreten Fall im Ergebnis unter Würdigung der tatsächlichen Verhältnisse verneint.

In Bezug auf die Thematik innenentwicklungsrelevanter Instrumente ist auch eine neuere Entscheidung des OVG Rheinland-Pfalz zu Gestaltungssatzungen hervorzuheben, das Urteil des OVG vom 1.10.2008[41]. Von grundsätzlicher Bedeutung für die Thematik der Innenentwicklung sind drei Kernaussagen. Das OVG hat zutreffend betont, dass das im Bauordnungsrecht vorgesehene Gestaltungsrecht der Gemeinden aus zwei gemeindlichen Aufgabenkreisen herrührt, zum einen, wie die landesgesetzliche Grundlage verdeutlicht, dem übertragenen Wirkungskreis des Bauordnungsrechts, zum anderen aber auch dem städtebaulich-gestalterischen eigenen Wirkungskreis der Gemeinden. Aus der Anerken-

38 Vgl. BVerwG, Beschluss vom 30.10.2008 – 4 B 56/08, BauR 2009, 474 f.

39 Dazu auch OVG Rheinland-Pfalz, Urteil vom 22.7.2010 – 1 A 11337/09, DVBl 2010, 1321.

40 So ausdrücklich OVG Rheinland-Pfalz, BauR 2009, 81 ff. Rn. 42 im Anschluss an Ernst/Zinkahn/Bielenberg/Krautzberger, BauGB, § 172 Rn. 39.

41 Az. 1 A 10362/08, DVBl 2009, 56 ff.

nung eines kommunalen Gestaltungsrechts resultiert andererseits unter rechtsstaatlichen Gesichtspunkten die Schlussfolgerung, dass die durch eine solche Gestaltungssatzung ausgelösten Beschränkungen des Eigentums auf einem städtebaulichen gebietsspezifischen Gestaltungskonzept beruhen müssen. Zustimmung verdient das OVG auch insoweit, als es eine angemessene Abwägung zwischen den privaten Interessen der Grundstückseigentümer und der Belange der Allgemeinheit verlangt hat. Obwohl das bauplanungsrechtliche Abwägungsgebot des § 1 Abs. 7 BauGB mangels Verweisung auf örtliche Bauvorschriften keine Anwendung findet, hat das OVG das Abwägungsgebot dogmatisch zutreffend dem Verhältnismäßigkeitsprinzip entnommen, das als Schranke für Eingriffe in das in Art. 14 Abs. 1 GG gewährleistete Eigentumsrecht zu wahren ist.

Da sowohl Erhaltungs- als auch die Gestaltungssatzungen Einschränkungen des Eigentumsrechts auslösen, wird das kommunale Gestaltungsrecht auch durch das rechtsstaatliche Bestimmtheitsgebot begrenzt. Danach ist der Normgeber gehalten, Vorschriften so klar abzufassen, dass die Rechtslage für den Betroffenen erkennbar ist und er sein Verhalten daran ausrichten kann. Es genügt nach dieser Rechtsprechung,[42] dass die Rechtsfolgen durch Auslegung bestimmt werden können. Die Bestimmtheitsanforderungen sind abhängig von der Konkretisierungsfähigkeit des zu gestaltenden Lebenssachverhalts.

Kommunale Satzungen wie die Erhaltungs- und die Gestaltungssatzungen dürfen schließlich inhaltlich nicht gegen höherrangiges Recht verstoßen. Interessant ist insofern unter dem Aspekt der Innenentwicklung die Entscheidung des VG Gießen[43] über die Rechtmäßigkeit der sogenannten Marburger Solarsatzung. In dieser Entscheidung hat das VG Gießen zutreffend einen Verstoß gegen die Gesetzgebungskompetenz des Bundes festgestellt. Die Satzung sah vor, dass bei der Errichtung von beheizten Gebäuden oder deren Erweiterung um mehr als 30 m² zusätzlicher Bruttogeschossfläche eine Kollektorfläche von 1 m² je angefangene 20 m² der zusätzlichen Bruttogeschossfläche, mindestens jedoch eine Fläche von 4 m² pro Anlage, zu installieren sei. Das VG Gießen sah darin zu Recht einen Verstoß gegen Bundesrecht, soweit mit dieser Satzungsregelung in Bezug auf Neubauvorhaben eine Pflicht zur Errichtung und Nutzung einer Solarthermieanlage geregelt worden ist. Denn diesbezüglich ist die Regelung in § 3 Abs. 2 Satz 1 EEWärmeG in Verbindung mit Anlage I Nr. I.1.a) abschließend. Durch § 3 Abs. 1 EEWärmeG hat der Bundesgesetzgeber von seiner

42 Dazu OVG Rheinland-Pfalz, Urteil vom 11.6.2010 – 8 C 11347/09, Rn. 22 mit Hinweis auf BVerfG, Beschluss vom 18. 5.1988, BVerfGE 78, 205 (212).

43 Vgl. Urteil vom 12.5.2010 – 8 K 4071/08.GI, 8 K 4071/08, BeckRS 2010, 49995.

konkurrierenden Gesetzgebung im Bereich der Luftreinhaltung gemäß Art. 74 Abs. 1 Nr. 24 GG und im Bereich des Rechts der Wirtschaft gemäß Art. 74 Abs. 1 Nr. 11 GG abschließend Gebrauch gemacht, indem er für die Errichtung von Neubauten die Pflicht geregelt hat, wonach Eigentümer von Gebäuden, die neu errichtet werden, den Wärmeenergiebedarf durch die anteilige Nutzung von erneuerbaren Energien nach Maßgabe der §§ 5 und 6 EEWärmeG decken müssen. Der Landesgesetzgeber hätte zwar auch bezüglich Neubauten aufgrund der Anlage I. 1. a) EEWärmeG eine Regelung über höhere Mindestkollektorflächen vorsehen können, hat jedoch von dieser Befugnis keinen Gebrauch gemacht. Infolgedessen war, wie das VG Gießen zutreffend festgestellt hat, die entsprechende Satzungsbestimmung unwirksam.

Das bauordnungsrechtliche und städtebauliche Gestaltungsrecht der Kommunen darf andererseits in Anbetracht der bundesrechtlichen Vorgaben zur Förderung des Einsatzes erneuerbarer Energien auch nicht durch eine einseitige Instrumentalisierung des Denkmalschutzes als repressives Mittel zur Durchsetzung bestimmter örtlicher Gestaltungsanforderungen in Stellung gebracht werden.[44] Vielmehr müssen die Regelungen in Gestaltungssatzungen auf einer gerechten Abwägung der widerstreitenden Belange des Denkmalschutzes mit dem Interesse von Grundstückseigentümern zur Nutzung erneuerbarer Energien beruhen.

VII. Zusammenfassung

Der Überblick über die Rechtsprechung zu den Instrumenten der Innenentwicklung ist zwangsläufig selektiv, weil die Rechtsprechung zu allen verfügbaren Instrumenten im Rahmen dieser Abhandlung nicht vollständig wiedergegeben werden kann. Die Instrumentenanalyse zeigt, dass die Instrumente der Innenentwicklung in der praktischen Anwendung eine Reihe von Fragen aufwerfen. Vor allem in Bezug auf die Steuerungswirkung von Verträgen bestehen aufgrund der aktuellen Rechtsprechung weiterhin einige Fragezeichen. Zu mehr Klarheit hinsichtlich der Anwendung der Instrumente der Innenentwicklung hat die neuere Rechtsprechung in Bezug auf private Initiativen zur Stadtentwicklung nach 171f BauGB und in Bezug auf die Anwendungsvoraussetzungen und Steuerungswirkungen von Erhaltungs- und Gestaltungssatzungen in Bezug auf die Innenentwicklung geführt. Ansonsten gibt es immer wieder eine Reihe von

44 Vgl. dazu Spannowsky, Planungsrechtliche Steuerung von Vorhaben der Erneuerbaren Energien durch Verträge, UPR 6/2009, 201 (204).

Einzelfragen, die sich auf die Instrumente der Innenentwicklung beziehen, mit deren kasuistischer Klärung die Rechtsprechung befasst ist (vgl. die Rechtsprechung zur Bedeutung von Einzelhandelsgutachen im Einzelfall, zu Einzelfragen der städtebaulichen Sanierung, zu den planungsrechtlichen Sicherungsmitteln und städtebaulichen Geboten in verschiedenen Fallgestaltungen).

Innenentwicklung ist instrumentell im Allgemeinen schwieriger zu betreiben als Außenentwicklung. Bei der Innenentwicklung ist das Vorhandensein eines schlüssigen städtebaulichen Gesamtkonzepts zwar stets auch ein zentraler instrumenteller Baustein auf dem Weg zur erfolgreichen Zweckerreichung, aber es müssen überdies, um die von der jeweiligen Gemeinde erstrebte städtebauliche Innenentwicklungskonzeption erreichen zu können, bei den Planungspraktikern Kenntnisse über die Vielfalt der verfügbaren Instrumente und Instrumentenkombinationen, deren Anwendungsvoraussetzungen und deren Grenzen vorhanden sein.

Nachnutzung und Lärmimmissionen

*Prof. Dr. Hans-Jörg Birk**

I. Problemstellung

Ist auf Flächen, die bebaut sind, die bisherige Nutzung beendet oder aufgegeben (z. B. ehemals gewerblich oder industriell genutzte Flächen, Flächen nach beendeter militärischer Nutzung, ehemalige Bahnflächen), so entstehen bei Nachnutzungen, die sich lärmempfindlicher präsentieren, nicht selten Probleme durch die Lärmbelastungen, die auf dieses Gebiet einwirken. Diese Lärmbelastungen können von der anschließenden, gleich gebliebenen gewerblichen oder industriellen Nutzung ausgehen; nicht selten stammen sie auch von Straßen- oder Bahntrassen, in deren Umgebung die bisherige Nutzung unproblematisch war oder – da die gegenseitige Nachbarschaft seit vielen Jahren oder Jahrzehnten bestand – so hingenommen wurde.

Die planungsrechtlich sichere Umsetzung der Nachnutzung in Richtung allgemein zulässiges Wohnen (WA, MI) verlangt regelmäßig die Auseinandersetzung

* Prof. Dr. Hans-Jörg Birk ist Rechtsanwalt in Stuttgart.

und Beherrschung der angesprochenen Lärmproblematik. Dies ist im Verfahren zur Aufstellung des Nachnutzungsbebauungsplans zu leisten.[1]

Wir stellen uns für die Behandlung der Probleme folgende (geographische) Ausgangssituation vor:

Westlich einer von Norden nach Süden verlaufenden, bestehenden Straße soll für einen aufgelassenen Gewerbebetrieb als Nachnutzung ein allgemeines Wohngebiet ausgewiesen werden. Östlich dieser Straße existiert ein Gewerbegebiet, das voll aufgesiedelt ist und von entsprechenden Betrieben zulässigerweise genutzt wird.

II. Rechtliche Ausgangslage

In einem ersten Schritt stellt sich die Frage, welche rechtlichen Regelungen oder Beurteilungskriterien – jeweils im weiteren Sinne – im Rahmen dieser WA-Aufsiedlung von Bedeutung sein können:

1. Verkehrslärm

Für den Verkehrslärm gilt die 16. BImSchV. Sie regelt, welche Lärmwerte beim Bau oder bei einer wesentlichen Änderung der Straße einzuhalten sind.[2] Der Fall der wesentlichen Änderung wird technisch und hinsichtlich der Lärmauswirkungen definiert. Dabei unterscheidet Satz 1 Ziff. 2 des § 1 der 16. BImSchV zwischen einer relativen Lärmerhöhung; Satz 2 hebt auf die Überschreitung einer absoluten Grenze ab.[3] Die 16. BImSchV setzt also bei den Baumaßnahmen

---

1 Die im Zusammenhang mit einer Bebauung nach § 34 BauGB auftretende Parallel-Problematik kann hier nicht behandelt werden; die Probleme und ihre Lösung sind letztlich vergleichbar.

2 16. BImSchV, § 1
(1) Die Verordnung gilt für den Bau oder die wesentliche Änderung von öffentlichen Straßen sowie von Schienenwegen der Eisenbahn und Straßenbahn (Straßen und Schienenwege).
(2) Die Änderung ist wesentlich, wenn
1. eine Straße um einen oder mehrere durchgehende Fahrstreifen für den Kraftfahrzeugverkehr oder ein Schienenweg um ein oder mehrere durchgehende Gleise baulich erweitert wird oder
2. durch einen erheblichen baulichen Eingriff der Beurteilungspegel des von dem zu ändernden Verkehrsweg ausgehenden Verkehrslärms um mindestens 3 Dezibel (A) auf mindestens 70 Dezibel (A) am Tage oder mindestens 60 Dezibel (A) in der Nacht erhöht wird.

3 Satz 2: Eine Änderung ist auch wesentlich, wenn der Beurteilungspegel des von dem zu ändernden Verkehrsweg ausgehenden Verkehrslärms von mindestens 70 Dezibel (A) am Tag oder 60 Dezibel (A) in der Nacht durch einen erheblichen baulichen Eingriff erhöht wird; dies gilt nicht in Gewerbegebieten.

an der Straße an. Werden solche nicht durchgeführt, löst die 16. BImSchV keinen Schutzanspruch aus.

2. Gewerbelärm

In unserem Beispiel liegt östlich der Straße ein „betriebenes" Gewerbegebiet, das nach Aufsiedlung der westlich vorgesehenen Wohnbebauung dieser, nur durch die Straße getrennt, gegenüber liegt.

Die Gewerbebetriebe sind der TA Lärm[4] unterworfen. Entscheidend für die Anwendung der TA Lärm ist, dass am Immissionsort, in unserem Fall also in dem zu planenden Wohngebiet, die Lärmauswirkungen festgestellt werden, konkret dort 0,5 m außerhalb eines Gebäudes vor dessen geöffnetem Fenster.[5] Im Rahmen des Bebauungsplanverfahrens (hier für die westlich der Straße vorgesehene Wohnbebauung) stellt sich die Frage, ob durch diese Messmethode jeglicher passiver Lärmschutz an den zu errichtenden Wohngebäuden als Lösungsansatz für die Beherrschung der Lärmproblematik entfällt; darauf wird zurückzukommen sein.

Die TA Lärm setzt Immissionsrichtwerte fest, die je nach Gebietscharakter unterschiedlich hoch sind.[6] Von Interesse ist noch, dass die TA Lärm kurzzeitig die Geräuschspitzen hinzunehmen bereit ist.[7]

Die TA Lärm ist eine immissionsschutzrechtliche Regelung, die den Gewerbebetrieben auferlegt, welche Lärmimmissionen sie gegenüber einer definierten Nachbarschaft einzuhalten haben. Daraus leitet sich – so der Regelungsansatz

4 TA Lärm vom 26.8.1998, GMBl 1998, 503. Die technische Anleitung dient dem Schutz der Allgemeinheit und der Nachbarschaft vor schädlichen Umwelteinwirkungen durch Geräusche sowie der Vorsorge gegen schädliche Umwelteinwirkungen durch Geräusche. Sie gilt für Anlagen, die als genehmigungsbedürftige oder nicht genehmigungsbedürftige Anlagen den Anforderungen des zweiten Teils des Bundesimmissionsschutzgesetz (BImSchG) unterliegen … (Ausnahmen).

5 Maßgeblicher Immissionsort ist der nach der Nummer A.1.3 des Anhangs zu ermittelnde Ort im Einwirkungsbereich der Anlage, an dem eine Überschreitung der Immissionsrichtwerte am ehesten zu erwarten ist. Es ist derjenige Ort, für den die Geräuschbeurteilung nach dieser technischen Anleitung vorgenommen wird. Die maßgeblichen Immissionsorte nach Nummer 2.3 liegen bei bebauten Flächen 0,5 m außerhalb vor der Mitte des geöffneten Fensters des vom Geräusch am stärksten betroffenen schutzwürdigen Raumes nach DIN 4109, Ausgabe November 1989, und bei unbebauten Flächen oder bebauten Grundstücken, die keine Gebäude mit schutzbedürftigen Räumen enthalten, bei dem am stärksten betroffenen Rand der Fläche, wo nach dem Bau- und Planungsrecht Gebäude mit schutzbedürftigen Räumen erstellt werden dürfen.

6 Die Immissionsrichtwerte für den Beurteilungspegel betragen für Immissionsorte außerhalb von Gebäuden in Industriegebieten 70 dB(A), in Gewerbegebieten tags 65 dB(A), nachts 50 dB(A).

7 Einzelne kurzzeitige Geräuschspitzen dürfen die Immissionsrichtwerte am Tage um nicht mehr als 30 dB(A) und in der Nacht um nicht mehr als 20 dB(A) überschreiten.

– ab, dass die TA Lärm für sich genommen kein planerisches Steuerungsinstrument darstellen kann, soweit es um die Überplanung benachbarter Flächen (hier: Allgemeines Wohngebiet als Nachnutzung eines ehemaligen Gewerbegebietes) geht. Etwas anderes kann gelten, wenn ein Gebiet überplant wird, in dem Betriebe anzusiedeln sind, die ihrerseits der TA Lärm unterworfen sind.

3. Schallschutz in der Bauleitplanung

Für die Bauleitplanung selbst, hier also für die Überplanung „unseres" westlich der Straße gelegenen ehemaligen Gewerbegebietes, findet die DIN 18005 Anwendung. Sie gibt nach ihrer Ziff. 1 Hinweise zur Berücksichtigung des Schallschutzes bei der städtebaulichen Planung und richtet sich an Gemeinden, Städteplaner, Architekten und Bauaufsichtsbehörden. Sie gilt, so hält die DIN 18005 ausdrücklich fest, nicht für die Anwendung im Genehmigungs- und Planfeststellungsverfahren. Auch die DIN 18005 arbeitet mit gebietsbezogenen Werten, wobei es sich hierbei um Werte handelt, die innerhalb des Baugebietes durch die Nutzungen im Baugebiet selbst und durch Nutzungen, die auf das Baugebiet einwirken, nicht überschritten werden sollen.[8]

III. Rechtliche Einordnung

Es erscheint sinnvoll, aus dem Blickwinkel der Bauleitplanung für die nachzunutzende, ehemalige Gewerbegebietsfläche eine rechtliche Einordnung der vorstehend dargestellten lärmrelevanten Regelungen vorzunehmen. Erst dadurch wird deutlich, welche Gestaltungsmöglichkeiten im Rahmen des Bebauungsplanverfahrens bestehen. § 50 BImSchG formuliert den (sogenannten)

8 Im Beiblatt 1 zu DIN 18005 „Schallschutz im Städtebau", Teil 1 [2] werden Orientierungswerte für den Beurteilungspegel in Abhängigkeit der Gebietsnutzung angegeben: bei reinen Wohngebieten (WR) tags 50 dB(A), nachts 40 dB(A) bzw. 35 dB(A), bei allgemeinen Wohngebieten (WA) tags 55 dB(A), nachts 45 dB(A) bzw. 40 dB(A), bei Dorfgebieten (MD) und Mischgebieten (MI) tags 60 dB(A),nachts 50 dB(A) bzw. 45 dB(A), bei Kerngebieten (MK) und Gewerbegebieten (GE) tags 65 dB(A), nachts 55 dB(A) bzw. 50 dB(A). Bei zwei angegebenen Nachtwerten soll der niedrigere für Industrie-, Gewerbe- und Freizeitlärm sowie für Geräusche von vergleichbaren öffentlichen Betrieben gelten.

Trennungsgrundsatz.[9] Dieser gilt vorrangig für Neubebauungen, findet aber unter Berücksichtigung der gegebenen Besonderheiten auch Anwendung bei Nachnutzungen. Das bedeutet, dass auch bei Nachnutzungen das Vermeidungsgebot im Vordergrund steht und als deutliches Planungsziel Beachtung verlangt. Schon hier ist festzuhalten, dass § 50 BImSchG keinen „Bonus" für Nachnutzungen enthält; die Vorschrift stammt aus einer Zeit, die solche Probleme und den Grundsatz „Innen- vor Außenentwicklung" nicht kannte! Nur ergänzend ist darauf hinzuweisen, dass für den Bau oder die wesentliche Änderung von Straßen – die in unserem Beispielsfall keine Rolle spielen – als zusätzliche Forderung § 41 BImSchG für den (deutlichen) Regelfall aktive Lärmschutzmaßnahmen an Verkehrseinrichtungen in den Vordergrund stellt.[10]

Vor diesem Hintergrund ist der Bindungswirkung der vorstehend dargestellten lärmrelevanten Regelungen nachzugehen.

In der 16. BImSchV sind Immissionsgrenzwerte festgesetzt.[11] Dieser jeweilige Grenzwert ist zwingend einzuhalten.

Die TA Lärm regelt als Verwaltungsvorschrift einen Immissionsrichtwert. Das Bundesverwaltungsgericht bezeichnet die TA Lärm in ständiger Rechtsprechung als „normkonkretisierende Verwaltungsvorschrift", die auch im gerichtlichen Verfahren Beachtung findet.[12]

---

9 1. Bei raumbedeutsamen Planungen und Maßnahmen sind die für eine bestimmte Nutzung vorgesehen Flächen einander so zuzuordnen, dass schädliche Umwelteinwirkungen und von schweren Unfällen im Sinne des Art. 3 Nr. 5 der Richtlinie 96/82/EG in Betriebsbereichen hervorgerufene Auswirkungen auf die ausschließlich oder überwiegend dem Wohnen dienenden Gebiete sowie auf sonstige schutzbedürftige Gebiete, insbesondere öffentlich genutzte Gebiete, wichtige Verkehrswege, Freizeitgebiet und unter dem Gesichtspunkt des Naturschutzes besonders wertvolle oder besonders empfindliche Gebiete und öffentlich genutzte Gebäude, soweit wie möglich vermieden werden. 2. Bei raumbedeutsamen Planungen und Maßnahmen in Gebieten, in denen die in der Rechtsverordnung nach § 48 a) Abs. 1 festgelegten Immissionsgrenzwerte nicht überschritten werden, ist bei der Abwägung der betroffenen Belange die Erhaltung der bestmöglichen Luftqualität als Belang zu berücksichtigen.

10 Bei dem Bau oder der wesentlichen Änderung öffentlicher Straßen sowie von Eisenbahnen, Magnetschwebebahnen und Straßenbahnen ist unbeschadet des § 50 BImSchG sicherzustellen, dass durch diese keine schädlichen Umwelteinwirkungen durch Verkehrsgeräusche hervorgerufen werden können, die nach dem Stand der Technik vermeidbar sind. Abs.1 gilt nicht, soweit die Kosten der Schutzmaßnahmen außer Verhältnis zu dem angestrebten Schutzzweck stehen würden.

11 § 2 16. BImSchV: ... sicherzustellen, dass Beurteilungspegel einen der folgenden Immissionsgrenzwerte nicht überschreiten.

12 Z. B.: „Der TA Lärm vom 26. August 1998 kommt, soweit sie für Geräusche den unbestimmten Rechtsbegriff der schädlichen Umwelteinwirkungen (§ 35 Abs. 3 Satz 1 Nr. 3 BauGB in Verbindung mit § 3 Abs. 1 BImSchG) konkretisiert, eine im gerichtlichen Verfahren zu beachtende Bindungswirkung zu. Sie unterliegt als normenkonkretisierende Verwaltungsvorschrift der revisionsgerichtlichen Überprüfung." BVerwGE 129, 209 ff., 211 = NVwZ 2008, 76.

Im Bereich der Bauleitplanung gilt die DIN 18005, die mit Orientierungswerten arbeitet. Von ihnen geht keine abschließende Bindung aus, die Frage der Über-, aber auch Unterschreitung ist im Rahmen der Abwägung zu überprüfen und einer Entscheidung zuzuführen. Das Bundesverwaltungsgericht hat dies in einer Entscheidung vom 22.7.2007 wie folgt verdeutlicht: Weist ein Bebauungsplan ein neues Wohngebiet (WA) aus, das durch vorhandene Verkehrswege Lärmbelastungen ausgesetzt wird, die an den Gebietsrändern deutlich über den Orientierungswerten der DIN 18005 liegen, ist es nicht von vornherein abwägungsfehlerhaft, auf aktiven Schallschutz durch Lärmschutzwälle oder- wände zu verzichten. Je nach den Umständen des Einzelfalls, z.B. in dicht besiedelten Räumen, kann es abwägungsfehlerfrei sein, eine Minderung der Immissionen durch eine Kombination von passivem Schallschutz, Stellung und Gestaltung von Gebäuden sowie Anordnung der Wohn- und Schlafräume zu erreichen.[13]

Die Abwägung im Rahmen des Lärmschutzes unter Berücksichtigung der DIN 18005 setzt nicht nur eine sorgfältige Prognose der auf das Gebiet einwirkenden und durch das Gebiet entstehenden Geräusche voraus; das gehört zur Zusammenstellung des Abwägungsmaterials. Vielmehr ist auch zu prüfen, was an Lärmschutz in der konkreten Situation leistbar ist, wie immer man im Einzelfall den Begriff der Leistbarkeit definieren mag. Den planungsrechtlichen (Leistungs-)Instrumenten ist das nächste Kapitel gewidmet.

IV. Umsetzung in der Praxis

1. Ermittlung und Abwägung

Hier gelten keine Besonderheiten. Die abwägungsrelevanten Daten sind zu erarbeiten. Für unseren Beispielsfall bedeutet dies, dass die Lärmauswirkungen, die von der bestehenden Straße auf das zu überplanende Gebiet wirken, genauso festzustellen sind wie die Lärmauswirkungen, die vom bestehenden Gewerbegebiet östlich der Straße ausgehen und auf das zu überplanende Gebiet treffen. Diese Fragen sollen hier nicht im Vordergrund stehen. Es interessieren die in der Bauleitplanung zur Verfügung stehenden Instrumentarien und deren Verhältnis zu den vorstehend geschilderten rechtlichen Regelungen, die für die Einschätzung der Lärmauswirkungen von Bedeutung sind.

13 BVerwG (22.3.2007) – 4 CN 2/06, NVwZ 2007, 831 ff.

2. § 9 Abs. 1 Nr. 24 BauGB

Im Bebauungsplan können aus städtebaulichen Gründen festgesetzt werden:
- die von der Bebauung freizuhaltenden Schutzflächen und ihre Nutzung,
- die Flächen für besondere Anlagen und Vorkehrungen zum Schutz vor schädlichen Umwelteinwirkungen und sonstigen Gefahren im Sinne des Bundesimmissionsschutzgesetzes sowie
- die zum Schutz vor Einwirkungen oder zur Vermeidung oder Minderung von solchen Einwirkungen zu treffenden baulichen und sonstigen technischen Vorkehrungen.

Daraus ergeben sich folgende Festsetzungsmöglichkeiten am Immissionsort: Es kann eine Lärmschutzwand, ein Lärmschutzwall oder eine Kombination von beidem festgesetzt werden. Um den erforderlichen Schallschutz zu gewährleisten, ist diese Schallschutzeinrichtung hinsichtlich ihrer Länge und ihrer Höhe konkret zu bestimmen. Die schalldämmenden Wirkungen sind durch ein Lärmschutzgutachten nachzuweisen und in die Abwägung einzustellen.

Festgesetzt werden können im Bebauungsplan – in unserem Beispiel mit der Festsetzung eines WA als Nachnutzung einer aufgelassenen Gewerbebrache – als passive Lärmschutzmaßnahme Schallschutzfenster, eventuell mit Fremdbelüftung, wenn die Lärmwerte vor allem nachts in Schlafräumen bei geöffnetem Fenster sonst nicht eingehalten werden können. Vorstellbar ist schließlich eine Festsetzung, die die Lage und Ausrichtung der Aufenthaltsräume in den Wohngebäuden festsetzt. In Lärmrichtung können dann Räume zugelassen werden, die nicht dem ständigen Aufenthalt dienen.

Die genannten Festsetzungen zeichnen sich dadurch aus, dass es sich um „bauliche oder sonstige technische Vorkehrungen“ im Sinne des § 9 Abs. 1 Nr. 24 BauGB handelt, wenn sie – dies ist allerdings unabdingbare Voraussetzung – hinreichend bestimmt formuliert sind. Ausgeschlossen ist es dagegen, im Bebauungsplan einen sogenannten „Lärmzaun“ festzusetzen, wonach an einer bestimmten Linie (z. B. Grundstücksgrenze) bestimmte Lärmwerte einzuhalten sind, es aber den jeweils dahinter liegenden Grundstücken überlassen bleibt, wie dies erreicht wird. Dies ist keine technische Vorkehrung im Sinne des § 9 Abs. 1 Nr. 24 BauGB.[14]

Die Festsetzungen nach § 9 Abs. 1 Nr. 24 BauGB sind – aus dem Blickwinkel unseres Beispiels – darauf ausgerichtet, das Baugebiet vor Lärmeinwirkungen

14 BVerwG (30.1.2006) – 4 BN 55/05, ZfBR 2006, 355.

zu schützen, die von außen kommen. Dies gelingt, je nach Umfang und Art, am besten mit den aktiven Lärmschutzmaßnahmen (Lärmschutzwand/Lärmschutzwall). Erhebliche Probleme tauchen allerdings dann auf, wenn aus städtebaulichen oder sonstigen Gründen ein aktiver Lärmschutz nicht umsetzbar ist. Dies ist aufgrund der räumlichen Verhältnisse, z. B. der Topographie relativ häufig bei den hier besonders interessierenden Nachnutzungen der Fall. Dies kann der Fall sein, wenn die Lärmschutzeinrichtung städtebaulich nicht hinnehmbar ist, weil sie zu einer „Einmauerung" des Bebauungsplangebietes führt bzw. führen müsste. Vorstellbar ist auch, dass der aktive Lärmschutz insgesamt oder zu Teilen ausfallen muss, weil sonst die Erschließung des Bebauungsplangebietes nicht sinnvoll erfolgen kann.

Hier hilft in einem ersten Schritt der passive Lärmschutz mit den oben dargestellten Festsetzungs- und damit Realisierungsmöglichkeiten. Diese Festsetzungsmöglichkeit stößt jedoch an Grenzen, die im Einzelfall große Probleme bereiten: Zum einen fordert eine ordnungsgemäße Abwägung, gestützt auf die DIN 18005, auch den Schutz der Außenwohnbereiche. Terrassen und Balkone sind aber dem passiven Lärmschutz entzogen. Dieses Problem ist ausschließlich dann beherrschbar, wenn die eigentlichen Gebäude (gegebenenfalls mit passivem Lärmschutz und Festlegung der Aufenthaltsräume) so positioniert werden können, dass sie den Außenwohnbereichen den notwendigen Lärmschutz (selbst) geben. In unserem Beispiel bedeutet dies, dass die Gebäude entlang der Nord-Süd-Straße nach Westen ausgerichtet, dort die Aufenthaltsräume angesiedelt und im Osten die Eingänge, Küchen, Bäder usw. gebaut werden. Bei einer starken Lärmbelastung durch die Straße kann auch an Laubengänge, die die Wohnungen von außen erschließen, gedacht werden.

Die Festsetzungsmöglichkeiten des § 9 Abs. 1 Nr. 24 BauGB versagen auch dann, wenn aktiver Lärmschutz nicht möglich ist und auf das Wohngebiet der Lärm des anschließenden Gewerbegebietes einwirkt. Hier nützt, bedingt durch die Grundkonstruktion der TA Lärm, der passive Lärmschutz nichts. Die Gewerbebetriebe des anschließenden Gewerbegebietes müssen die TA Lärm einhalten. Nach ihr wird 0,5 m vor dem geöffneten Fenster gemessen.[15]

Ein Lösungsansatz könnte Ziff. 3.2.2 der TA Lärm sein, die eine ergänzende Überprüfung im Sonderfall vorsieht. Danach kann eine abweichende Beurteilung, z. B. auch des Messpunktes oder der Außenwohnbereiche, in speziellen Situationen erreicht werden. Unser Problem, das wir aus dem Bebauungsplan-

15 Die nach § 9 Abs. 1 Nr. 24 BauGB mögliche Festsetzung einer geschlossenen Wand (ohne öffenbare Fenster) ist ein Lösungsansatz, die Probleme der TA Lärm zu überwinden. Nur: Die tatsächliche bauliche Situation wird dies selten ermöglichen.

verfahren unseres Beispielsfalls heraus denken, ist jedoch, dass das Regelwerk der TA Lärm in dem Genehmigungsverfahren des Betriebes im Gewerbegebiet Anwendung findet und man nicht über ein Bebauungsplanverfahren eine Bindung für ein solches Genehmigungsverfahren „herstellen" kann. Eine Bindung der zuständigen Genehmigungsbehörde hinsichtlich der Anwendung der Ziff. 3.2.2 TA Lärm ist rechtssicher ausgeschlossen, zudem nicht in das Bebauungsplanverfahren als Abwägungsgesichtspunkt zu inkorporieren.

Zusammenfassend ist zu § 9 Abs. 1 Nr. 24 BauGB festzustellen: Er hilft, Lärmprobleme zu lösen, wenn aktiver Lärmschutz möglich ist. Im Zusammenhang mit passivem Lärmschutz und mit dem Blick auf den einwirkenden Gewerbelärm bestehen, nicht selten, unüberwindbare Probleme.

3. Gliederungsmöglichkeit nach § 1 Abs. 4 BauNVO

Nach dieser Vorschrift können für die in den §§ 4–9 BauNVO bezeichneten Baugebiete im Bebauungsplan Festsetzungen getroffen werden, die das Baugebiet nach der Art der zulässigen Nutzung oder nach der Art der betriebenen Anlage und deren besonderen Eigenschaften gliedern.

In unserem Beispiel – gewünscht ist die Ausweisung eines allgemeinen Wohngebietes – könnte daran gedacht werden, entlang der Straße eine Häuserzeile als Mischgebiet auszuweisen, das in sich aber so zu gliedern ist, dass die gewerbliche Nutzung des Mischgebietes in den Gebäudeteilen auf der Straßenseite festgesetzt und realisiert wird, die Wohnnutzung jedoch straßenabgewandt nach Westen. Es stellt sich die Frage, ob eine solche Detailgliederung eines Mischgebietes zulässig ist. Die Rechtsprechung verneint dies. In einem Mischgebiet müssten die beiden Hauptnutzungsarten Wohnen und nicht wesentlich störendes Gewerbe sowohl quantitativ als auch qualitativ gemischt sein.[16] Die Rechtsprechung überzeugt nicht, weil bei entsprechender Realisierung (vgl. obiges Beispiel) sehr wohl ein, wenn auch in sich gegliedertes, Mischgebiet entsteht.

Nimmt man diese Gliederungsüberlegung auf und rückt – nicht zuletzt wegen der dargestellten Rechtsprechung – vom Mischgebiet ab, so stellt sich die Frage, ob nicht entlang der Straße in den Gebäudeteilen ein eingeschränktes Gewerbegebiet nach § 8 BauNVO im Störcharakter eines Mischgebietes ausgewiesen werden kann. Über § 1 Abs. 5 BauNVO kann das im Gewerbegebiet zulässige Wohnen ausgeschlossen werden. In unserem Beispiel nach Westen

16 BayVGH (11.11.2010) – 1 ZB 09.2010; BVerwG (11.04.1996), NVwZ-RR 1997, 463.

anschließend könnte dann in den verbleibenden Gebäudehälften allgemeines Wohngebiet ausgewiesen werden. Die Trennlinie der Art der baulichen Nutzung würde parallel zur Straße in Nord-Süd-Richtung durch die geplanten Gebäude laufen.

Eine solche Festsetzung scheint vom Instrumentarium her nicht ausgeschlossen; in der Abwägung wird allerdings zu klären sein, ob ein entsprechender Bedarf für solche baulichen Nutzungen besteht. Gleiches gilt selbstverständlich auch bei der dargestellten, von der Rechtsprechung nicht akzeptierten Gliederung eines Mischgebietes.

Der Vorteil dieser Gliederungen besteht darin, dass an der Straße nur die Werte eines Gewerbegebietes einzuhalten sind. Dies gilt insbesondere auch für die Lärmeinwirkungen aus den Betrieben des gegenüberliegenden Gewerbegebietes.

4. § 9 Abs. 2 BauGB

Zu überlegen ist, ob die Vorschrift des § 9 Abs. 2 BauGB Lösungsansätze insbesondere dort bietet, wo aktiver Lärmschutz nicht möglich ist. Vorstellbar wäre, die lärmempfindliche, weiter von der Lärmquelle (z. B. Straße oder Gewerbebetrieb) abgerückte Bebauung erst dann zur Realisierung zuzulassen, wenn die näher liegende, lärmunempfindliche Bebauung errichtet ist und ihrerseits der dahinter liegenden den Lärmschutz bietet. Diese Voraussetzungen könnten unter Lärmgesichtspunkten erfüllt sein, wenn die Lärmwerte für eine WA-Bebauung nur dann eingehalten werden können, wenn zur Lärmquelle hin zeitgleich zuvor eine Mischgebiets- oder eingeschränkte Gewerbegebietsbebauung realisiert ist, die den WA-Bereich (Gebäude und Außenwohnbereich) abschirmt. Die Rechtsgrundlage für eine solche Festsetzung bietet § 9 Abs. 2 BauGB.[17] Fraglich ist, ob im Bebauungsplan unter Rückgriff auf den § 9 Abs. 2 BauGB eine solche zeitliche Reihenfolge der Bebauung festgesetzt werden kann. Eine entsprechende Festsetzung könnte wie folgt lauten:

> „Bedingte Festsetzung – Lärmschutz (§ 9 Abs. 2 Nr. 1 u. 2 BauGB): Die Gebäude im Allgemeinen Wohngebiet WA dürfen zu Wohnzwecken erst genutzt werden, wenn die straßenlärmabschottende Bebauung im GEE errichtet ist."

17 Im Bebauungsplan kann in besonderen Fällen festgesetzt werden, dass bestimmte der in ihm festgesetzten baulichen und sonstigen Nutzungen und Anlagen nur 1. für einen bestimmten Zeitraum zulässig oder 2. bis zum Eintritt bestimmter Umstände zulässig oder unzulässig sind. Die Folgenutzung soll festgesetzt werden.

Auch eine solche Festsetzung erfordert eine ausreichende Bestimmtheit und den (in die Abwägung einzubringenden) Nachweis, dass die Abschirmung in dem prognostischen Umfang erreicht werden kann. Eine solche Festsetzung kann zusätzlich in einem städtebaulichen Vertrag mit den Grundstückseigentümern näher geregelt werden und über entsprechende beschränkt persönliche Dienstbarkeiten (oder Baulasten?) abgesichert werden.

Diese Lösung könnte dann als nicht tragfähig angesehen werden, wenn problematisiert wird, dass die lärmabschirmende Bebauung ja beseitigt werden könnte, ohne dass ein Anspruch zur Wiedererrichtung besteht bzw. planungs- oder zivilrechtlich durchgesetzt werden kann. Der Hessische VGH[18] hat erhebliche Zweifel an diesem Lösungsansatz formuliert, weil er eine Sicherung der Wiederbebauung durch Bestellung von Grunddienstbarkeiten für nicht ausreichend, vor allem aber nicht für durchsetzungsfähig gehalten hat. Das Gleiche hat das Gericht auch für eine Verpflichtung über eine Baulast angenommen. Das Gericht hat zusätzlich darauf abgehoben, dass die Wiedererrichtung dann nicht gesichert ist, wenn der Grundstückseigentümer nicht (mehr) leistungsfähig oder bauwillig ist. Der Ansicht des Hessischen VGH ist nicht zu folgen. Dem hier dargestellten Lösungsansatz liegt eine (zulässige) Prognoseentscheidung zugrunde, dass von einer dauerhaften Bebauung auszugehen ist. Die Wahrscheinlichkeit des Abrisses von Teilen eines einheitlichen Baugebietes ohne einen entsprechenden Wiederaufbau muss wohl in die Abwägung eingestellt werden; eine ordnungsgemäße abwägende Gemeinde muss aber nicht davon ausgehen, dass die lärmschützende Bebauung vorzeitig beseitigt oder ohne eine Wiederbebauung entsprechend den Bebauungsplanfestsetzungen bleibt. In die Abwägung muss auch nicht der relativ seltene Fall eines Brandes mit Abbruch ohne Wiederaufbau eingestellt werden. Wichtig ist in diesem Zusammenhang, dass die Festsetzung der lärmabschirmenden Bebauung so erfolgt, dass die Abschirmwirkung sichergestellt ist und bleibt. Dies ist in der Festsetzung von Baulinien, geschlossener Bauweise usw. möglich. Die Überlegungen des Hessischen VGH würden dazu führen, dass § 9 Abs. 2 BauGB nicht zum Zwecke einer stufenweisen, lärmabschirmenden Bebauung eingesetzt werden kann.

18 Urteil vom 22.4.2010 – 4 C 306/09.

V. Schluss

Die Analyse des bestehenden Instrumentariums zeigt, dass die Lärmschutzproblematik gerade bei Umnutzung in Richtung lärmempfindlichere Bebauung dort auf erhebliche Schwierigkeiten stößt, wo aktiver Lärmschutz – aus welchen Gründen auch immer – nicht realisierbar ist. Unser gesamtes planungsrechtliches Instrumentarium ist – dies zeigt sich hier wie in vielen anderen Zusammenhängen auch – bisher zu wenig auf die Planung im Zusammenhang in bestehenden Strukturen ausgerichtet. Die planungsrechtlichen Vorschriften, auch der § 50 BImSchG, „denken" (noch) zu sehr in den Kategorien einer Neubebauung mit der Möglichkeit entsprechender Flächengliederungen. Dort, wo aktiver Lärmschutz über § 9 Abs. 1 Nr. 24 BauGB nicht realisierbar ist, muss im Einzelfall in Abstimmung mit dem Lärmgutachter ein konkreter, im Einzelnen abgestimmter Lösungsweg gesucht werden, um Nachnutzungen umsetzen zu können. Erst wenn dies tatsächlich oder aus städtebaulichen Gründen scheitert, bieten die der Abwägung zugänglichen Regelungen der DIN 18005-Orientierungswerte einen Lösungsansatz, der allerdings nur so weit reicht, wie zumutbares Wohnen noch möglich ist.

Artenschutz im Bereich der Innenentwicklung

*Prof. Dr. iur. Christian-W. Otto**

* Prof. Dr. iur. Christian-W. Otto ist Fachgebietsleiter des Fachgebiets Bau-, Planungs- und Umweltrecht am Institut für Stadt- und Regionalplanung der Technischen Universität Berlin.

I. Artenschutz und Bauleitplanung

Der Naturschutz spielt in der Bauleitplanung eine wichtige Rolle.[1] In die bauleitplanerische Abwägung sind nach §§ 1 Abs. 7 lit. a), 1a Abs. 3 Satz 1 BauGB Tiere und Pflanzen, deren Lebensstätten und Lebensräume sowie die Biodiversität als Bestandteile des Naturhaushalts im Sinne von § 1 Abs. 6 Nr. 7 lit. a) BauGB einzustellen. Diese planerischen Regelungen werden durch die Bestimmungen im Bundesnaturschutzgesetz[2] ergänzt. Um das Verhältnis von Bauleitplanung und Naturschutzrecht zu verstehen, sind drei Regelungsbereiche des Bundesnaturschutzgesetzes zu unterscheiden:

---

1 Vgl. Stüer/Stüer, DVBl 2011, 36–43; Stüer, NuR 2010, 677–685; Reidt, NVwZ 2010, 8–1; Mitschang/Wagner, DVBl 2010, 1457–1466; Stüer, BauR 2010, 1521–1530; Schmidt-Eichstaedt, UPR 2010, 401–409; Louis, NuR 2009, 91–100; Schusters, VBlBW 2009, 174–178; Schrader, BWGZ 2009, 860–864; Dziallas, NZBau 2008, 429–432; Pauli, BauR 2008, 759–770; Schrödter, LKV 2008, 109–112; Dolde, NVwZ 2007, 7–11.

2 Gesetz zur Neuregelung des Rechts des Naturschutzes und der Landschaftspflege, BGBl I 2009, S. 2544.

- die naturschutzrechtliche Eingriffsregelung (§ 15 BNatSchG),
- der naturschutzrechtliche Gebietsschutz (§ 34 BNatSchG),
- der naturschutzrechtliche Artenschutz (§§ 44 f. BNatSchG).

Die Bedeutung dieser Regelungen und ihr Zusammenwirken mit der Bauleitplanung werden nachfolgend in den Grundzügen dargestellt. Anschließend (Teil II.) werden denkbare Beschleunigungs- und Vereinfachungsmöglichkeiten erörtert.

1. Die naturschutzrechtliche Eingriffsregelung (§ 15 BNatSchG)

Die Anforderungen der naturschutzrechtlichen Eingriffsregelung in § 15 BNatSchG[3] werden von den bauleitplanerischen Regelungen in § 1a Abs. 3 BauGB überlagert.[4] Bei der Aufstellung oder Änderung der Bauleitpläne wendet die Gemeinde die Eingriffsregelung in § 15 BNatSchG nicht unmittelbar an. Über die Vermeidung des Eingriffs, den Ausgleich und den Ersatz ist vielmehr nach den Vorschriften des Baugesetzbuches zu entscheiden. Dies ist so in § 1a Abs. 3 BauGB geregelt.[5] Sind aufgrund der Aufstellung, Änderung, Ergänzung oder Aufhebung eines Bebauungsplans Eingriffe in Natur und Landschaft zu erwarten, ist die Gemeinde verpflichtet, zu ermitteln und zu entscheiden, ob vermeidbare Beeinträchtigungen von Natur und Landschaft unterbleiben können und ob und wie unvermeidbare Beeinträchtigungen auszugleichen sind.[6] Ermittlung und Entscheidung müssen den Anforderungen des planungsrechtlichen Abwägungsgebots nach § 1 Abs. 7 BauGB genügen.[7]

2. Der naturschutzrechtliche Gebietsschutz (§ 34 BNatSchG)

In die Abwägung ist nach § 1 Abs. 6 Nr. 7 lit. b) in Verbindung mit § 1a Abs. 4 BauGB der Gebietsschutz gemäß § 34 BNatSchG einzustellen. Die Gemeinde muss im Rahmen der Abwägung gemäß § 1a Abs. 4 BauGB die „Erhaltungsziele

3 Vgl. dazu Mitschang, BauR 2011, 33 ff.; Michler/Möller, NuR 2011, 81 ff.

4 Vgl. dazu Mitschang, BauR 2011, 33 ff.

5 Vgl. BVerwG, BRS 66 Nr. 217 (2003); Scheidler, UPR 2010, 134 ff.; Louis/Wolf, NuR 2002, 455 ff.

6 Aufgrund von § 13a Abs. 2 Nr. 4 BauGB gelten für den Ausgleich, nicht für das Vermeidungsgebot im beschleunigten Verfahren Besonderheiten, vgl. ausführlich Robl, Das beschleunigte Verfahren für Bebauungspläne der Innenentwicklung, 2010; Götze/Müller, ZUR 2008, 8 ff.

7 Grundlegend BVerwGE 104, 68 ff.

und Schutzzwecke der Gebiete von gemeinschaftlicher Bedeutung und der Europäischen Vogelschutzgebiete im Sinne des Bundesnaturschutzgesetzes" berücksichtigen. Gemäß § 7 Abs. 1 Nr. 6 BNatSchG sind Gebiete von gemeinschaftlicher Bedeutung Schutzgebiete auf Grundlage der Fauna-Flora-Habitat-Richtlinie. Europäische Vogelschutzgebiete sind nach § 7 Abs. 1 Nr. 7 BNatSchG Gebiete im Sinne des Art. 4 Abs. 1 und 2 der Richtlinie 79/409/EWG (Vogelschutz-Richtlinie).

Eine erhebliche Beeinträchtigung dieser Gebiete im Sinne von § 1a Abs. 4 BauGB liegt nicht unbedingt erst dann vor, wenn der Geltungsbereich des Bebauungsplans sich auf ein Schutzgebiet im Sinne von § 1 Abs. 6 Nr. 7 b) BauGB erstreckt. Zu einer Beeinträchtigung kann es auch dann schon kommen, wenn der außerhalb des Schutzgebiets aufgestellte Bebauungsplan Auswirkungen auf ein solches in der Umgebung befindliches Schutzgebiet zeigt. Ist eine solche Beeinträchtigung möglich, ist die Gemeinde durch § 1a Abs. 4 BauGB in Verbindung mit § 36 Satz 1 Nr. 2 BNatSchG verpflichtet, die Regelungen des § 34 Abs. 1 Satz 2 bis Abs. 5 BNatSchG anzuwenden. Nach § 34 Abs. 2 BNatSchG wäre die Bebauungsplanung nicht zulässig, wenn sie zu einer erheblichen Beeinträchtigung eines europäischen Schutzgebiets führen könnte.

Exkurs: FFH-Verträglichkeitsprüfung und Verträglichkeitsvorprüfung
Auch bei der im Zusammenhang mit der Bauleitplanung stehenden FFH-Prüfung muss zwischen der FFH-Vorprüfung und der eigentlichen FFH-Verträglichkeitsprüfung unterschieden werden. Dieser Unterschied ist wichtig, weil die Anforderungen an die Vorprüfung und die eigentliche Verträglichkeitsprüfung unterschiedlich sind. Maßstab für die Verträglichkeitsprüfung ist die Feststellung der Verträglichkeit der Planung oder des Projekts mit den Erhaltungszielen des Schutzgebietes nach den besten einschlägigen wissenschaftlichen Erkenntnissen.[8] Grundsätzlich ist jede Beeinträchtigung von Erhaltungszielen erheblich und muss als Beeinträchtigung des Gebiets als solches gewertet werden. Bewertungskriterium bei dieser Prüfung ist der günstige Erhaltungszustand der geschützten Lebensräume und Arten. Zu prüfen ist also, ob der günstige Erhaltungszustand trotz Durchführung des Vorhabens stabil bleiben wird. Stabil meint in diesem Zusammenhang, ob der betroffene Lebensraum oder die betroffene Art in der Lage ist, nach einer Störung wieder zum ursprünglichen Gleichgewicht zurückzukehren. Gemäß den Legaldefinitionen in Art. 1 lit e) und i) FFH-RL geht es beim günstigen Erhaltungszustand einer vom Erhaltungsziel

8 Vgl. grundlegend BVerwG, Urteil vom 17.1.2007 – 9 A 20.05, BVerwGE 128, 1.

des FFH-Gebietes umfassten Tier- oder Pflanzenart um deren Verbreitungsgebiet und die Populationsgröße. In beiden Bereichen soll langfristig gesehen eine Qualitätseinbuße vermieden werden.

Bemerkenswert ist, dass die Erheblichkeitsschwelle für eine Beeinträchtigung relativ ist. Denn die auf die Erhaltungsziele ausgerichtete Verträglichkeitsprüfung muss neben den planungs- oder vorhabenbedingten Einwirkungen auch Einwirkungen in den Blick nehmen, denen der geschützte Lebensraum oder die geschützte Art von anderer Seite unterliegt. So kann eine Vorbelastung bereits zu Vorschädigungen führen, die einen verschlechterten Erhaltungszustand zur Folge haben. Die Vorbelastung kann aber auch „nur" Auswirkungen nach sich ziehen, ohne dass der Erhaltungszustand des Lebensraums oder der Art instabil wird, die jedoch deren Fähigkeit, Zusatzbelastungen zu tolerieren, einschränken oder ausschließen. Besondere Aufmerksamkeit bei der Vorprüfung verlangen also zum einen die Vorbelastungen und zum anderen ein ggf. vorhandener ungünstiger Erhaltungszustand der Art oder des Lebensraums. Befindet sich das FFH-Gebiet nämlich gegenwärtig ganz oder teilweise in einem ungünstigen Erhaltungszustand, ist es grundsätzlich für jegliche Zusatzbelastung gesperrt.[9]

Die Vorprüfung (Screening genannt) ist hingegen darauf ausgerichtet zu erkennen, ob erhebliche Beeinträchtigungen des Schutzgebietes „offensichtlich" ausgeschlossen sind, dann erübrigt sich nach Art. 6 Abs. 3 Satz 1 FFH-RL eine Verträglichkeitsprüfung. Nach Art. 6 Abs. 3 Satz 1 FFH-RL reicht für das vorab zu prüfende Erfordernis einer FFH-Verträglichkeitsprüfung aus, dass die Wahrscheinlichkeit oder die Gefahr besteht, dass die Planung oder das Projekt das betreffende Gebiet erheblich beeinträchtigen. Danach liegt die Gefahr einer erheblichen Beeinträchtigung vor, wenn anhand objektiver Informationen nicht ausgeschlossen werden kann, dass der betreffende Plan oder das betreffende Projekt das fragliche Gebiet erheblich beeinträchtigt.[10] Umstritten ist, ob schon in der Vorprüfung Ausgleichs- und Kompensationsmaßnahmen berücksichtigt werden dürfen. Diese Maßnahmen können eine entscheidende Bedeutung besitzen. Denn wenn durch Schutz- und Kompensationsmaßnahmen gewährleistet ist, dass ein günstiger Erhaltungszustand der geschützten Lebensraumtypen und Arten stabil bleibt, erreichen die nachteiligen Wirkungen des Vorhabens

9 Vgl. dazu BVerwG, Urteil vom 17.1.2007 – 9 A 20.05, BVerwGE 128, 1 ff.; EuGH, Urteil vom 10.1.2006 – C 98/03, DVBl 2006, 429 ff.; OVG Münster, Urteil vom 3.9.2009 – 10 D 121/07.NE, DVBl 2009, 1385; nachfolgend BVerwG, Beschluss vom 16.3.2010 – 4 BN 66/09, BauR 2010, 1034–1038.

10 Siehe dazu Ziff. 1.2.1. des Auslegungsleitfadens zu Artikel 6 Absatz 4 der „Habitat-Richtlinie" 92/43/EW der Europäischen Kommission; vgl. EuGH, Urteile vom 7.9.2004 – C-127/02 (sogenanntes Muschelfischer-Urteil), NuR 2004, 788; vom 20.10.2005 – C-6/04 – und vom 10.1.2006 – C-98/03, NVwZ 2006, 319.

nicht die Erheblichkeitsschwelle. Im Einzelfall kann folglich erst ein Schutzkonzept die Zulassung des Vorhabens bzw. die Zulässigkeit der Planung ermöglichen.[11] Nach einer Ansicht müssen Kompensationsmaßnahmen bei der Beurteilung der Frage, ob erhebliche Beeinträchtigungen eintreten können, in der Vorprüfung außer Betracht bleiben.[12] Nach anderer Ansicht dürfen sie berücksichtigt werden.[13] Ob die Kompensationsmaßnahme, wenn sie denn berücksichtigt wird, eine Aussage erlaubt, ob die Erheblichkeitsschwelle überschritten wird oder nicht, hängt praktisch aber entscheidend davon ab, ob sich die Kompensationsmaßnahme schon in der Vorprüfung als geeignet erweist. Vermeidungsmaßnahmen dürfen nämlich nur dann beachtet werden, wenn für sie der volle Nachweis ihrer Wirksamkeit erbracht ist. Nur durch diesen Nachweis lässt sich die notwendige Gewissheit über die Verträglichkeit eines Plans oder Projekts gewinnen.[14] Ist diese Beurteilung bereits in der Vorprüfung und der dort anzuwendenden Methodik möglich, kann die Maßnahme berücksichtigt werden. Erlaubt die Methodik der jeweiligen Vorprüfung diese Feststellung nicht, kann die Maßnahme nicht berücksichtigt werden. Dies wird in der Bauleitplanung regelmäßig der Fall sein, da zu Beginn der Planung nicht feststeht, welche Kompensationsmaßnahmen im Ergebnis der Abwägung tatsächlich getroffen werden. In der Vorhabenzulassung kann dies anders sein.

Der durch die Vorprüfung hervorgerufene Verdacht erheblicher Beeinträchtigungen, der die eigentliche FFH-Verträglichkeitsprüfung erforderlich macht, kann in diesem Verfahren nur durch eine – die besten einschlägigen wissenschaftlichen Erkenntnisse verwertende – schlüssige naturschutzfachliche Argumentation im Rahmen einer förmlichen Verträglichkeitsprüfung ausgeräumt werden.[15] Für die Plausibilität dieser Argumentation ist der Planungsträger beweispflichtig. Der ihm obliegende Gegenbeweis ist in der Regel nur dann geführt, wenn eine relevante Beeinträchtigung ausscheidet.

Stellt sich aufgrund einer FFH-Verträglichkeitsprüfung heraus, dass die Planung mit den Erhaltungszielen des Schutzgebietes unverträglich ist, wäre die Planung gleichwohl nach § 34 Abs. 3 BNatSchG erlaubt, soweit sie

11 Vgl. BVerwG, Urteil vom 17.1.2007 – 9 A 20.05, BVerwGE 128, 1; OVG Koblenz, Urteil vom 10.3.2009 – 8 C 10435/08, NuR 2009, 636.

12 Ebenso Fischer-Hüftle u. a., Bundesnaturschutzgesetz, § 34 Rn. 16; Gellermann, NuR 2009, 8, 10.

13 Anderer Ansicht VGH Kassel, Urteil vom 5.7.2007 – 4 N 867/06, NuR 2008, 258, dazu BVerwG, Beschluss vom 26.11.2007 – 4 BN 46.07, NuR 2008, 115; Mitschang, in: Berliner Kommentar zum BauGB (Stand April 2010), § 1a Rn. 521.

14 Vgl. BVerwG, Urteil vom 17.1.2007 – 9 A 20.05, BVerwGE 128, 1, Rn. 54 ff.; Thyssen, NuR 2010, 9, 15.

15 Vgl. BVerwG, Beschluss vom 26.11.2007 – 4 BN 46/07, NVwZ 2008, 210.

1. „aus zwingenden Gründen des überwiegenden öffentlichen Interesses, einschließlich solcher sozialer oder wirtschaftlicher Art, notwendig ist und
2. zumutbare Alternativen, den mit dem Projekt verfolgten Zweck an anderer Stelle ohne oder mit geringeren Beeinträchtigungen zu erreichen, nicht gegeben sind."

Zusätzlich sind gemäß § 34 Abs. 5 BNatSchG „die zur Sicherung des Zusammenhangs des Europäischen ökologischen Netzes „Natura 2000" notwendigen Maßnahmen vorzusehen" (sogenannte Kohärenzsicherungsmaßnahmen), also festzusetzen.

3. Der naturschutzrechtliche Artenschutz (§§ 44 f. BNatSchG)

Die besonderen artenschutzrechtlichen Verbote zum Schutz bestimmter Arten in § 44 BNatSchG sind – anders als die Vorschriften der Eingriffsregelung und des Gebietsschutzes – in der Bauleitplanung nicht unmittelbar relevant. Das Gemeinschaftsrecht verlangt keine Prüfung des Artenschutzes auf der Ebene der Bauleitplanung. Auch aufgrund des nationalen Naturschutzrechts ist es nicht erforderlich, im Bebauungsplanverfahren den Artenschutz nach Maßgabe der §§ 44 f. BNatSchG abzuarbeiten. Denn nicht die Festsetzungen des Bebauungsplans, sondern erst deren Verwirklichung, die im nachfolgenden Verwaltungsverfahren zugelassen wird, bildet den naturschutzrechtlich relevanten Eingriff. Die Verbotstatbestände des § 44 BNatSchG werden erst dann erfüllt, wenn in Verwirklichung des Bebauungsplans konkrete (Bau-)Vorhaben realisiert werden und es deswegen zu Eingriffen kommt.[16]

Zu erwartende Verstöße gegen artenschutzrechtliche Verbote im Sinne von § 44 Abs. 1 BNatSchG muss die Gemeinde gleichwohl in der Bauleitplanung berücksichtigen. Da die Verbotsnormen auf der Zulassungsebene auch bei Vorhaben im Geltungsbereich eines Bebauungsplans zu beachten sind, kann es dazu kommen, dass die Verwirklichung des Bebauungsplans an artenschutzrechtlichen Verboten scheitert.[17] Der Bebauungsplan wäre dann funktionslos, also nicht im Sinne von § 1 Abs. 3 BauGB erforderlich, folglich unwirksam.[18]

16 Vgl. BVerwG, BRS 59 Nr. 29; OVG Rheinland-Pfalz, NVwZ-RR 2008, 514.

17 Diese Zwangsläufigkeit ist anderen EU-Mitgliedsstaaten fremd. Ein vom BBSR initiierter Erfahrungsaustausch mit EU-Mitgliedsstaaten zur Innenstadtentwicklung, insbesondere in Bezug auf den europäischen Arten- und Vogelschutz im Juli 2010 hat gezeigt, dass in anderen Mitgliedsstaaten der Artenschutz im Geltungsbereich von Bebauungsplänen keine oder nur eine geringe Bedeutung besitzt.

18 Vgl. BVerwG, NVwZ-RR 1998, 162 f.; BVerwG, NuR 2003, 222 und 547; OVG Münster, BauR 2006, 1696.

Aufgrund der drohenden Vollzugsunfähigkeit des Bebauungsplans muss die Gemeinde die artenschutzrechtliche Wirkung der im Bebauungsplan zugelassenen Handlung bereits in der Abwägung nach § 1 Abs. 7 BauGB beachten. Die Gemeinde hat daher die artenschutzrechtlichen Verbote im Verfahren der Planaufstellung zu berücksichtigen. Dabei hat sie aber nur zu beurteilen, ob die vorgesehenen baulichen Nutzungen auf unüberwindbare artenschutzrechtliche Hindernisse treffen, d.h. der Bebauungsplan ist immer schon dann vollzugsfähig, wenn ein drohendes Verbot für ein Vorhaben im nachfolgenden Genehmigungsverfahren überwunden werden kann. So kann durch Festsetzungen vorgezogener Ausgleichsmaßnahmen im Sinne von § 44 Abs. 5 Satz 3 BNatSchG (sogenannte CEF-Maßnahme) erreicht werden, dass der Verbotstatbestand des § 44 Abs. 1 Nr. 3 BNatSchG verwirklicht wird.[19] Ist dies nicht möglich, muss die Gemeinde in die Ausnahmelage nach § 45 Abs. 7 BNatSchG hineinplanen.

4. Schutzbereich der besonderen artenschutzrechtlichen Verbote

Die besonderen artenschutzrechtlichen Verbote hat der Gesetzgeber in Umsetzung gemeinschaftsrechtlicher Vorgaben der Fauna-Flora-Habitat-Richtlinie (Art. 12 und 13 FFH-RL) und der Vogelschutz-Richtlinie (Art. 5 Vogelschutz-RL) in §§ 44 f. BNatSchG normiert. Dementsprechend erfassen die Verbote nur diejenigen Arten, die von diesen Richtlinien geschützt sind. Die von den Verbotstatbeständen in § 44 Abs. 1 Nr. 1, 3 und 4 BNatSchG erfassten Arten sind in § 7 Abs. 2 Nr. 13 BNatSchG benannt. Danach sind besonders geschützte Arten

- die Arten nach Anhang A und B der Europäischen Artenschutzverordnung sowie – soweit davon nicht bereits erfasst –
- die Tier- und Pflanzenarten nach Anhang IV der FFH-RL und
- die europäischen Vogelarten gemäß Art. 1 Abs. 1 Vogelschutz-RL.

Der Verbotstatbestand nach § 44 Abs. 1 Nr. 2 BNatSchG bezieht sich auf die streng geschützten Arten gemäß § 10 Abs. 2 Nr. 14 BNatSchG und die europäischen Vogelarten der Vogelschutz-RL. Streng geschützte Arten sind

- die Arten in Anhang A der Europäischen Artenschutzverordnung,
- Arten in Anhang IV der FFH-RL sowie
- Arten der Bundesartenschutzverordnung – Anlage 1, Spalte 3.

19 Vgl. BayVGH, Urteil vom 30.3.2010 – 8 N 09.1861 – 1868, 8 N 09.1870 – 1875.

Die streng geschützten Arten bilden eine Teilmenge der besonders geschützten Arten.

5. Die Zugriffsverbote des § 44 Abs. 1 BNatSchG

Zentrale artenschutzrechtliche Verbotsnorm ist § 44 Abs. 1 BNatSchG. Um festzustellen, ob ein Verstoß gegen diese Verbotsnorm zu erwarten ist, ist ein formalisiertes Prüfungsverfahren – anders als für den Gebietsschutz gemäß § 34 BNatSchG – nicht vorgeschrieben. Nach der Rechtsprechung des Bundesverwaltungsgerichts erforderlich, aber auch ausreichend, ist im Artenschutzrecht eine am Maßstab praktischer Vernunft ausgerichtete Prüfung.[20]

a. Tötungsverbot gemäß § 44 Abs. 1 Nr. 1 BNatSchG

Nach § 44 Abs. 1 Nr. 1 BNatSchG ist es verboten, „wild lebenden Tieren der besonders geschützten Arten nachzustellen, sie zu fangen, zu verletzen oder zu töten oder ihre Entwicklungsformen aus der Natur zu entnehmen, zu beschädigen oder zu zerstören".

§ 44 Abs. 1 Nr. 1 BNatSchG verbietet den unmittelbaren Zugriff auf die jeweilige individuelle Spezies wild lebender Tiere besonders geschützter Arten bzw. auf ihre Entwicklungsformen. Der Begriff „Tiere" umspannt nach § 7 Abs. 2 Nr. 1 lit. b) BNatSchG auch die Entwicklungsformen von Tieren. Hierzu gehören z. B. Eier, Larven oder Puppen.

Das Verbot nach § 44 Abs. 1 Nr. 1 BNatSchG betrifft vorsätzliche oder fahrlässige Tötungshandlungen. Entscheidend ist allein die Verursachung einer Tötung. Von § 44 Abs. 1 Nr. 1 BauGB werden sogenannte sozialadäquate Risiken jedoch nicht erfasst. Dies betrifft z. B. unabwendbare Tierkollisionen im Verkehr.[21] Derartige Tötungen sind bei der Zulassung von Vorhaben aber ggf. im Rahmen der naturschutzrechtlichen Eingriffsregelung zu berücksichtigen.

Das Tötungsverbot ist nicht erfüllt, wenn es im unmittelbaren Zusammenhang mit dem Beschädigungsverbot geschützter Lebensstätten gemäß § 44 Abs. 1 Nr. 3 BNatSchG steht und ein drohender Verstoß gegen dieses Verbot gemäß § 44 Abs. 5 BNatSchG abgewendet wird.

20 Vgl. BVerwG, NuR 2009, 789 ff.

21 Vgl. BVerwG, NVwZ 2009, 789 ff.

b. Störungsverbot während bestimmter Zeiten gemäß § 44 Abs. 1 Nr. 2 BNatSchG

Nach § 44 Abs. 1 Nr. 2 BNatSchG ist es verboten, „wild lebende Tiere der streng geschützten Arten und der europäischen Vogelarten während der Fortpflanzungs-, Aufzucht-, Mauser-, Überwinterungs- und Wanderungszeiten erheblich zu stören; eine erhebliche Störung liegt vor, wenn sich durch die Störung der Erhaltungszustand der lokalen Population einer Art verschlechtert".

§ 44 Abs. 1 Nr. 2 BNatSchG normiert ein temporäres Störungsverbot für wild lebende Tiere der streng geschützten Arten und der europäischen Vogelarten. Während bestimmter Zeiten dürfen diese nicht in dem Sinne erheblich gestört werden, dass sich durch die Störung der Erhaltungszustand der lokalen Population der Art verschlechtert.

Dieses Verbot ist für die Bebauungsplanung dann relativ unproblematisch zu überwinden, wenn bei der Vorhabenzulassung die Eingriffszeiten gesteuert werden können. Dies ist aber nicht möglich, wenn die zugelassene Störung selbst dauerhaft erfolgt.

Der Verstoß gegen § 44 Abs. 1 Nr. 2 BNatSchG ist populationsbezogen, d. h., der Tatbestand ist nur erfüllt, wenn dadurch der Erhaltungszustand der lokalen Population einer Art verschlechtert wird. Dies kann passieren, wenn sich das Vorhaben auf die Überlebenschancen, die Reproduktionsfähigkeit oder den Fortpflanzungserfolg der lokalen Population nachteilig auswirken kann, s. a. Art. 1 lit. i) FFH-RL und Art. 2 Nr. 4 RL 2004/35/EG (Umwelthaftung-RL). Lokale Population einer Art ist eine Gruppe von Individuen einer Art, die eine Fortpflanzungs- oder Überdauerungsgemeinschaft bilden und einen zusammenhängenden Raum gemeinsam bewohnen.

c. Beschädigungsverbot geschützter Lebensstätten gemäß § 44 Abs. 1 Nr. 3 BNatSchG

Nach § 44 Abs. 1 Nr. 3 BNatSchG ist es verboten, „Fortpflanzungs- oder Ruhestätten der wild lebenden Tiere der besonders geschützten Arten aus der Natur zu entnehmen, zu beschädigen oder zu zerstören."

Geschützt sind die Fortpflanzungs- oder Ruhestätten im Sinne von Art. 12 Abs. 1 lit. d) FFH-RL. Fortpflanzungsstätten sind alle Orte oder Teilhabitate im Gesamtlebensraum eines Tieres, die es für seine Fortpflanzung benötigt, z. B. Balzplätze, Paarungsgebiete, Eiablageplätze, Nester oder Nistplätze, Brutplätze oder -kolonien, ebenso Verpuppungsplätze oder Areale, an denen die

Larvalentwicklung stattfindet oder die für die Jungenaufzucht benötigt werden.[22]

Ruhestätten sind alle Orte oder Teilhabitate im Gesamtlebensraum eines Tieres, die nicht nur vorübergehend zum Ruhen oder Schlafen oder in Zeiten längerer Inaktivität aufgesucht werden. Ruhestätten können Verstecke, (Schlaf-) baue oder nester, Schlaf-, Rast- und Mauserplätze, Sommer- und Winterquartiere oder Orte für thermoregulatorisches Verhalten (z. B. Sonnenbadeplätze bei Eidechsen) sein.[23]

Die geschützten Lebensstätten müssen jeweils artspezifisch definiert werden. So kann eine Lebensstätte des Grünfinks z. B. der Bereich eines Waldes mit mehreren Baumhöhlen sein. Werden einzelne Bäume nebst Baumhöhlen gefällt, wäre die Lebensstätte noch nicht beschädigt. Eine Lebensstätte ist dann beschädigt, wenn sie gerade durch die Schädigungshandlung ihre Funktion verliert. Dies ist dann nicht der Fall, wenn die jeweilige Lebensstätte ihre Funktion bereits anderweitig verloren hat. Kehren die betroffenen Arten mit hinreichender Wahrscheinlichkeit an die Lebensstätte zurück, gilt der Lebensstättenschutz das ganze Jahr über. Bei Arten, die Lebensstätten (z. B. Vogelnester) regelmäßig wechseln und nicht erneut nutzen, ist deren Zerstörung oder Beschädigung außerhalb der Nutzungszeiten mit § 44 Abs. 1 Nr. 3 BNatSchG vereinbar. Wenn Arten zwar ihre Nester, Baue o.ä., nicht aber ihre Reviere regelmäßig wechseln, wird gegen den Lebensstättenschutz gemäß § 44 Abs. 1 Nr. 3 BNatSchG verstoßen, wenn ganze, regelmäßig genutzte Reviere vollständig beseitigt werden.[24]

Überwinterungsplätze von Vögeln werden von § 44 Abs. 1 Nr. 3 BNatSchG nicht erfasst.[25]

Ein Verstoß gegen das Verbot des § 44 Abs. 1 Nr. 3 BNatSchG kann ggf. nach § 44 Abs. 5 BNatSchG abgewendet werden.

d. Beschädigungsverbot von Pflanzen und ihren Standorten gemäß § 44 Abs. 1 Nr. 4 BNatSchG

Nach § 44 Abs. 1 Nr. 4 BNatSchG ist es verboten, „wild lebende Pflanzen der besonders geschützten Arten oder ihre Entwicklungsformen aus der Natur zu

22 Vgl. Scharmer/Blessing, Artenschutz in der Bauleitplanung, Arbeitshilfe des Ministeriums für Infrastruktur und Raumordnung des Landes Brandenburg, Januar 2009.

23 Vgl. Scharmer/Blessing (Fn. 22).

24 Vgl. BVerwG, NuR 2006, 779, 781 f.

25 Vgl. BVerwG, NuR 2001, 385, 386.

entnehmen, sie oder ihre Standorte zu beschädigen oder zu zerstören“. Dieses Verbot zielt auf die Unversehrtheit der geschützten Pflanzenarten. Vom Schutz umfasst sind auch die Entwicklungsformen wie z. B. Samen oder Früchte, vgl. § 7 Abs. 2 Nr. 2 lit. b) BNatSchG.

Verstöße gegen das Beschädigungsverbot von Pflanzen und ihren Standorten können ggf. nach § 44 Abs. 5 Satz 4 BNatSchG abgewendet werden.

6. Verwirklichung eines Vorhabens trotz drohenden Verstoßes gegen ein Zugriffsverbot

Ein Vorhaben, das gegen ein Verbot gemäß § 44 Abs. 1 BNatSchG verstoßen würde, kann gleichwohl unter bestimmten Voraussetzungen verwirklicht werden. Das Bundesnaturschutzgesetz sieht dafür ein vierstufiges Zulassungssystem vor:

1. Prüfungsschritt: Bei nur national geschützten Arten wird das Verbot nach § 44 Abs. 5 Satz 1 und 5 BNatSchG überwunden, wenn der in der Verbotshandlung liegende Eingriff in Natur und Landschaft gemäß § 15 BNatSchG oder aufgrund eines Bebauungsplans zulässig ist. Bei diesen Arten wird der artenschutzrechtliche Konflikt auf der Ebene des Bebauungsplans durch Berücksichtigung der Vermeidung und des Ausgleichs des zu erwartenden Eingriffs in der Abwägung gemäß § 1a Abs. 3 BauGB aufgelöst, vgl. § 18 Abs. 1 und 2 BNatSchG. Durch die Festsetzung im Bebauungsplan wird nicht nur das Vorhaben zugelassen, sondern auch das artenschutzrechtliche Verbot ausgeräumt.
2. Prüfungsschritt: Bei europäisch geschützten Arten kann ein drohender Verstoß gegen die Verbote des § 44 Abs. 1 Nr. 3 ggf. in Verbindung mit Nr. 1 BNatSchG gemäß § 44 Abs. 5 Satz 1 bis 3 BNatSchG abgewendet werden, wenn der Eingriff in Natur und Landschaft nach dieser Vorschrift zulässig ist, weil die ökologische Funktion der betroffenen Fortpflanzungs- oder Ruhestätte im räumlichen Zusammenhang weiterhin erfüllt wird. In der Bebauungsplanung ist über die nach § 44 Abs. 5 BNatSchG geforderte Vermeidung und den dort geforderten Ausgleich des zu erwartenden Eingriffs gemäß § 1a Abs. 3 BauGB abwägend zu entscheiden. Dass die ökologische Funktion trotz eines Eingriffs gemäß § 44 Abs. 5 Satz 2 BNatSchG weiterhin erfüllt sein muss, ist bei der Abwägung nicht überwindbar.
3. Prüfungsschritt: Kann ein drohendes Verbot nach § 44 Abs. 5 BNatSchG nicht überwunden werden, ist zu prüfen, ob eine Ausnahme von einem Verbot nach § 45 Abs. 7 Satz 1 Nr. 5 und Satz 2 BNatSchG zulässig ist. Da

die zuständige Naturschutzbehörde die Ausnahme vor der Genehmigung bzw. Verwirklichung erteilt, kann die Gemeinde nur in die „Ausnahmelage" hineinplanen. Eine Ausnahmegenehmigung im Sinne von § 30 Abs. 4 BNatSchG ist im Artenschutz nicht vorgesehen.

Die zuständige Behörde darf eine Ausnahme erteilen, wenn

1. zwingende Gründe des überwiegenden öffentlichen Interesses für das Vorhaben sprechen,
2. zumutbare Alternativen nicht gegeben sind,
3. sich der Erhaltungszustand der Populationen einer Art nicht verschlechtert, soweit nicht Art. 16 Abs. 1 FFH-RL weitergehende Anforderungen enthält. Die planende Gemeinde hat diese Voraussetzungen in der Abwägung zu prüfen und, um die Voraussetzungen nach § 45 Abs. 7 BNatSchG ggf. erst noch zu schaffen, geeignete Kompensationsmaßnahmen festzusetzen.
4. Prüfungsschritt: Liegen die Voraussetzungen für eine Ausnahme nach § 45 Abs. 7 BNatSchG nicht vor, kann von den artenschutzrechtlichen Verboten eine Befreiung nach § 67 BNatSchG erteilt werden. Dies ist möglich, wenn die Befolgung der artenschutzrechtlichen Verbotsvorschrift im Einzelfall aufgrund einer typischen Situation zu einer unzumutbaren Belastung führen würde. Diese Voraussetzung ist in der Bebauungsplanung regelmäßig nicht denkbar. § 67 BNatSchG ist für die Bebauungsplanung daher weitgehend bedeutungslos.

7. Umgang mit artenschutzrechtlichen Verboten in der Bauleitplanung

a. Abwendung eines drohenden Verbots bei nur national geschützten Arten gemäß § 44 Abs. 5 Satz 1 und Satz 5 BNatSchG

Für Vorhaben, die im Geltungsbereich von Bebauungsplänen zulässigerweise umgesetzt werden sollen, werden die oben unter 3. dargelegten Zugriffsverbote des § 44 Abs. 1 Nrn. 1 bis 4 BNatSchG durch dessen Absatz 5 näher modifiziert:[26]

- § 44 Abs. 5 Satz 1 BNatSchG stellt klar, dass für nach § 15 BNatSchG und für nach den Vorschriften des Baugesetzbuchs zulässige Vorhaben – mithin also auch für Vorhaben im Geltungsbereich von Bebauungsplänen nach § 30 BauGB – die Zugriffsverbote des § 44 Abs. 1 BNatSchG „nach Maßgabe von

26 Vgl. OVG Münster, ZfBR 2009, 583 ff.

Satz 2 bis 5" des § 44 Abs. 5 BNatSchG gelten. Für nur national geschützte Arten gilt dabei einzig die Regelung in § 44 Abs. 5 Satz 5 BNatSchG:

- § 44 Abs. 5 Satz 5 BNatSchG legt ausdrücklich fest, dass bei Handlungen zur Durchführung eines Eingriffs oder Vorhabens ein Verstoß gegen die Zugriffs-, Besitz- und Vermarktungsverbote nicht vorliegt, wenn andere als die in Satz 2 genannten besonders geschützten Arten betroffen sind. Damit ist klargestellt, dass bei nach § 15 BNatSchG oder nach dem Bebauungsplan zulässigen Eingriffen die artenschutzrechtlichen Zugriffs-, Besitz- und Vermarktungsverbote nicht in Bezug auf die national geschützten Arten gelten.

b. Abwendung eines drohenden Verbots bei europäisch geschützten Arten gemäß § 44 Abs. 5 Satz 1 bis 3 BNatSchG[27]

Droht bei Verwirklichung des Bebauungsplans ein Verstoß gegen ein artenschutzrechtliches Verbot nach § 44 Abs. 1 Nr. 3 ggf. in Verbindung mit Nr. 1 BNatSchG und sind europäisch geschützte Arten (Arten nach Anhang IV der FFH- RL oder europäische Vogelarten) betroffen, kann der drohende Verstoß gegen das Verbot nach Maßgabe von § 44 Abs. 5 Satz 2 und 3 BNatSchG abgewendet werden.

Für Verstöße gegen die Verbote nach § 44 Abs. 1 Nr. 1 und/oder 2 BNatSchG sieht § 44 Abs. 5 BNatSchG keine Abwendungsmöglichkeit vor. Der Verstoß gegen diese Verbote kann also nicht mit Hilfe von Absatz 5 überwunden werden. Es ist in diesen Fällen unmittelbar die Ausnahmeregelung in § 45 Abs. 7 BNatSchG zu prüfen.

- § 44 Abs. 5 Satz 2 BNatSchG modifiziert die auf Fortpflanzungs- oder Ruhestätten wild lebender Tiere der besonders geschützten Arten bezogenen Verbote des § 44 Abs. 1 Nr. 3 BNatSchG in der Weise, dass die Verbote – bezogen auf die in Anhang IVa der FFH-RL aufgeführten Tierarten und europäischen Vogelarten – nicht bestehen, „soweit die ökologische Funktion der von dem Eingriff oder Vorhaben betroffenen Fortpflanzungs- oder Ruhestätten im räumlichen Zusammenhang weiterhin erfüllt wird." Die Erfüllung der ökologischen Funktion neutralisiert den verbotenen Zugriff und macht diesen dadurch möglich.

27 Für Verstöße gegen das Zugriffsverbot in Bezug auf Standorte wild lebender Pflanzen der in Anhang IVb der FFH-RL genannten Arten gilt § 44 Abs. 5 Satz 4 BNatSchG.

Diese Einschränkung wird erstreckt auf die mit Handlungen im Sinne von § 44 Abs. 1 Nr. 3 BNatSchG verbundenen unvermeidbaren Beeinträchtigungen wild lebender Tiere, soweit also zugleich der Tatbestand des § 44 Abs. 1 Nr. 1 BNatSchG erfüllt wird.

- § 44 Abs. 5 Satz 3 BNatSchG lässt es zu, dass „auch vorgezogene Ausgleichsmaßnahmen festgesetzt werden können", soweit dies erforderlich ist. Vorgezogene Ausgleichsmaßnahmen sind darauf gerichtet, dass die ökologische Funktion im räumlichen Zusammenhang weiterhin erfüllt wird, die volle Funktionsfähigkeit der Lebensstätte also trotz des Eingriffs ununterbrochen erhalten bleibt.

Ob eine Abwendung des Zerstörungsverbotes gemäß § 44 Abs. 1 Nr. 3 ggf. in Verbindung mit Nr. 1 BNatSchG möglich ist, muss in zwei Stufen geprüft werden:

- Auf der ersten Stufe stellt sich die Frage, ob gegen das Verbot nach § 44 Abs. 1 Nr. 3 BNatSchG verstoßen wird. Ist ein solcher Verstoß anzunehmen, sind auf
- der zweiten Stufe die Auswirkungen des drohenden Verstoßes auf die Funktion der betroffenen Lebensstätte zu ermitteln.

In der Bebauungsplanung muss darüber abwägend entschieden werden, wobei das Abwägungsergebnis den Anforderungen von § 44 Abs. 5 Satz 2 BNatSchG genügen muss.

Möglich ist die Abwendung eines drohenden Verbots gemäß § 44 Abs. 1 BNatSchG, wenn das geplante Vorhaben zwar zu einer Beschädigung der geschützten Lebensstätte führt, dadurch deren Funktion aber weiterhin aufrechterhalten bleibt. Dies ist bei einer teilweisen Zerstörung der geschützten Lebensstätte denkbar, wenn für die mit ihren konkreten Lebensstätten betroffenen Exemplare einer Art die von der Lebensstätte wahrgenommene Funktion vollständig erhalten bleibt.[28]

Bei der vollständigen Zerstörung einer Lebensstätte ist die ökologische Funktion der Lebensstätte hingegen in der Regel gänzlich aufgehoben, so dass auch die Möglichkeit der Abwendung nach § 44 Abs. 5 Satz 2 BNatSchG regelmäßig nicht besteht. Dann sind die Voraussetzungen des § 45 Abs. 7 BNatSchG zu prüfen.

28 Vgl. BVerwG, NuR 2009, 776 ff.; BVerwG, NVwZ 2010, 44, Rn. 67.

8. Ausnahme gemäß § 45 Abs. 7 Satz 1 Nr. 5 und Satz 2 BNatSchG

a. Allgemeines

Lässt sich der Verstoß gegen ein Verbot nicht nach § 44 Abs. 5 BNatSchG abwenden, ist zu prüfen, ob die Voraussetzungen für eine Ausnahme nach § 45 Abs. 7 BNatSchG vorliegen. Es ist dann in eine sogenannte „Ausnahmelage" hineinzuplanen. Die Prüfung einer Ausnahme nach § 45 Abs. 7 BNatSchG ist für europäisch geschützte Arten relevant. Werden durch das geplante Vorhaben national geschützte Arten betroffen und ist der Eingriff planungsrechtlich oder nach § 15 BNatSchG zulässig, gilt der Eingriff bereits gemäß § 44 Abs. 5 Satz 1 und 5 BNatSchG nicht als Verstoß gegen ein artenschutzrechtliches Verbot, so dass eine Ausnahme nicht mehr erteilt werden kann.

In der Bebauungsplanung ist vor allem die Ausnahmeregelung gemäß § 45 Abs. 7 Satz 1 Nr. 5 und Satz 2 BNatSchG von Bedeutung:

> „Die nach Landesrecht für Naturschutz und Landschaftspflege zuständigen Behörden (...) können von den Verboten des § 44 im Einzelfall weitere Ausnahmen zulassen (...) 5. aus anderen zwingenden Gründen des überwiegenden öffentlichen Interesses einschließlich solcher sozialer oder wirtschaftlicher Art. Eine Ausnahme darf nur zugelassen werden, wenn zumutbare Alternativen nicht gegeben sind und sich der Erhaltungszustand der Populationen einer Art nicht verschlechtert, soweit nicht Artikel 16 Abs. 1 der Richtlinie 92/43/EWG weitergehende Anforderungen enthält. Artikel 16 Abs. 3 der Richtlinie 92/43/EWG und Artikel 9 Abs. 2 der Richtlinie 79/409/EWG sind zu beachten."

Für das Vorliegen einer Ausnahmelage nach § 45 Abs. 7 Satz 1 Nr. 5 und Satz 2 BNatSchG müssen mithin folgende Voraussetzungen erfüllt sein:
- zwingende Gründe des überwiegenden öffentlichen Interesses einschließlich solcher sozialer und wirtschaftlicher Art liegen vor;
- zumutbare Alternativen bestehen nicht;
- weitergehende Anforderungen gemäß Art. 16 FFH-RL werden erfüllt – keine Verschlechterung des guten Erhaltungszustand der Populationen einer Art.

b. Zwingende Gründe des überwiegenden öffentlichen Interesses

Nach der Rechtsprechung des Bundesverwaltungsgerichts liegen „zwingende Gründe des überwiegenden öffentlichen Interesses" im Sinne von § 45 Abs. 7

Satz 1 Nr. 5 BNatSchG nicht erst vor, wenn Sachzwänge gegeben sind, denen niemand ausweichen kann. Ausreichend ist ein durch Vernunft und Verantwortungsbewusstsein geleitetes staatliches Handeln.[29] Das ist der Fall, wenn das Vorhaben durch besonders schwerwiegende öffentliche Belange gerechtfertigt ist. Diese Belange müssen Hauptzweck des Vorhabens sein. Ein öffentliches Interesse in diesem Sinne können auch eine Planung und ein Vorhaben eines privaten Trägers sein, wenn dessen Vorhaben zugleich dem Wohl der Allgemeinheit dient, z. B. die Wirtschaftskraft einer Region stärkt oder Arbeitsplätze sichert oder schafft.[30] Auch aus dem Erfordernis nach § 1 Abs. 3 BauGB kann sich ein zwingender Grund in diesem Sinne ergeben. Dies muss ggf. von der Gemeinde dargelegt werden. Zu diesem Zweck muss das Vorliegen zwingender Gründe des überwiegenden öffentlichen Interesses gemäß § 1 Abs. 7 BauGB abgewogen werden. Erforderlich ist eine bilanzierende Gesamtbetrachtung der für das Vorhaben sprechenden Gründe des öffentlichen Interesses sowie der Schutzziele des Artenschutzes.

c. Fehlen einer zumutbaren Alternative

Weitere Voraussetzung für das Vorliegen einer Ausnahmelage im Sinne von § 45 Abs. 7 BNatSchG ist, dass zumutbare Alternativen nicht gegeben sind. Die Alternativenprüfung resultiert aus einem vom Planungsträger strikt zu beachtenden Vermeidungsverbot. Anders als die planerische Alternativenprüfung ist die artenschutzrechtliche Alternativenprüfung jedoch nicht Teil der planerischen Abwägung. Dem Planungsträger ist für den artenschutzrechtlichen Alternativenvergleich kein Ermessen eingeräumt.[31] Alternativen können daher auch nicht im Wege der planerischen Abwägung überwunden werden.

Allerdings muss ein Verzicht auf das Vorhaben (Nullvariante) nicht als Alternative geprüft werden, da bereits nach dem Prüfungsschritt zu § 45 Abs. 7 Satz 1 Nr. 5 BNatSchG feststeht, dass das Vorhaben von zwingenden Gründen des überwiegenden öffentlichen Interesses getragen ist.[32] Eine Alternative ist folglich auch dann nicht mehr zumutbar, wenn die Planung auf ein anderes Projekt

29 Vgl. BVerwGE 110, 302; BVerwG, NuR 2008, 633 ff.; Leitfaden zum strengen Schutzsystem für Tierarten von gemeinschaftlichem Interesse im Rahmen der FFH-RL 92/43/EWG" der Kommission, Abschnitt III 2.1.c) und „NATURA 2000 – GEBIETSMANAGEMENT – Die Vorgaben des Artikels 6 der Habitat-Richtlinie 92/43/EWG"; insbesondere Abschnitt 5.3.2.

30 Vgl. BVerwGE 128, 358, BVerfG, UPR 2007, 99 ff (Airbus).

31 Vgl. BVerwGE 110, 302 (310); BVerwG, NuR 2008, 633 ff.

32 Vgl. BVerwGE 128, 1 ff. (Westumfahrung Halle).

hinauslaufen würde, so dass das geplante und zulässig verfolgte Ziel nicht mehr verwirklicht werden könnte. Hingegen bleibt eine Alternative noch zumutbar, wenn Abstriche an den mit dem Vorhaben erstrebten Planungszielen gemacht werden müssen.[33] Alternativen, die nur mit außergewöhnlichem Aufwand verwirklicht werden können, dürfen dabei außer Betracht bleiben, denn das zumutbare Maß an Vermeidungsanstrengungen darf nicht außerhalb jedes vernünftigen Verhältnisses zu dem damit erzielbaren Gewinn für Natur und Umwelt stehen.[34] Zu prüfen ist also in der Alternativenprüfung regelmäßig, ob es auf dem Gebiet der Gemeinde einen anderen geeigneten und verfügbaren Ort gibt, an dem die beabsichtigte Planung mit geringeren Nachteilen für die geschützten Arten durchgeführt werden kann.

d. Erfüllung weitergehender Anforderungen gemäß Art. 16 FFH-RL

Zusätzliche Voraussetzung ist, dass die weitergehenden Anforderungen nach Art. 16 Abs. 1 FFH-RL erfüllt sind. Für die Bauleitplanung relevant ist vor allem Art. 16 Abs. 1 c) FFH-RL:

> „Sofern es keine anderweitige zufriedenstellende Lösung gibt und unter der Bedingung, dass die Population der betroffenen Art in ihrem natürlichen Verbreitungsgebiet trotz der Ausnahmeregelung ohne Beeinträchtigung in einem günstigen Erhaltungszustand verweilt, können die Mitgliedstaaten von den Bestimmungen (...) im folgenden Sinne abweichen: (...)
> c) im Interesse der Volksgesundheit und der öffentlichen Sicherheit oder aus anderen zwingenden Gründen des überwiegenden öffentlichen Interesses, einschließlich solcher sozialer oder wirtschaftlicher Art oder positiver Folgen für die Umwelt."

Teilweise sind diese Anforderungen bereits bei der unmittelbaren Anwendung des Bundesnaturschutzgesetzes geprüft. So sind die Tatbestandsmerkmale „zwingende Gründe des überwiegenden öffentlichen Interesses" auch in § 45 Abs. 7 Satz 1 Nr. 5 BNatSchG enthalten. Das Tatbestandsmerkmal „keine anderweitige zufriedenstellende Lösung" gemäß Art. 16 Abs. 1 FFH-RL wird durch das Tatbestandsmerkmal „zumutbare Alternative" in § 45 Abs. 7 Satz 2 BNatSchG abgedeckt.

---

33 Vgl. BVerwGE 130, 299 ff., Rn. 170 (A 44 II); BVerwGE 128, 1 ff., Rn. 143.

34 Vgl. zur Berücksichtigung von Kosten Fehrensen, NuR 2009, 13 (18); BVerwGE 128, 1 ff., Rn. 144, und BVerwG, NuR 2008, 495, Rn. 43.

Eine weitergehende Prüfung erfordert hingegen das in Art. 16 Abs. 1 FFH-RL enthaltene Tatbestandsmerkmal „Verweilen der Populationen der betroffenen Art in einem günstigen Erhaltungszustand". Das Verweilen der Populationen in einem günstigen Erhaltungszustand gehört nach der Rechtsprechung des EuGH[35] zu den „unabdingbaren Voraussetzungen für die Zulassung der in Art. 16 Abs. 1 FFH-RL vorgesehenen Ausnahmen". Der nationale Gesetzgeber hat dieses Tatbestandsmerkmal lediglich in die Anforderung umgewandelt, dass es gemäß § 45 Abs. 7 Satz 2 BNatSchG zu „keiner Verschlechterung des Erhaltungszustands der Populationen einer Art" kommen darf.[36] Damit bleibt § 45 Abs. 7 Satz 2 BNatSchG hinter Art. 16 Abs. 1 FFH-RL zurück. Von daher liegen mit dem in Art. 16 FFH-RL genannten Tatbestandsmerkmal weitergehende Anforderungen i. S. d. § 45 Abs. 7 Satz 2 BNatSchG vor, die im nationalen Recht zusätzlich zu beachten sind.[37] Bei geschützten Arten nach Anhang IV FFH-RL darf eine Ausnahme folglich nur dann zugelassen werden, wenn sich die betroffenen Populationen in einem günstigen Erhaltungszustand im Sinne von Art. 1 lit. i) FFH-RL befinden.

Nach der Begriffsbestimmung in Art. 1 lit. i) Satz 1 FFH-RL ist der Erhaltungszustand einer Art nach der Gesamtheit der Einflüsse zu beurteilen, „die sich langfristig auf die Verbreitung und die Größe der Populationen der betreffenden Arten in dem in Artikel 2 bezeichneten Gebiet auswirken können". In Bezug auf den Begriff der „Populationen" ist auf Art. 2 lit i) der Verordnung EG Nr. 338/97 des Rates vom 9.12.1996 über den Schutz von Exemplaren wildlebender Tier- und Pflanzenarten durch Überwachung des Handels[38] abzustellen, der sich wortgleich in § 10 Abs. 2 Nr. 4 BNatSchG wiederfindet.[39] „Population" ist demnach eine biologisch oder geographisch abgegrenzte Zahl von Individuen. Dabei ist der Populationsbegriff so zu verstehen, dass die Individuen derselben Art oder Unterart angehören und innerhalb ihres Verbreitungsgebiets in generativen oder vegetativen Vermehrungsbeziehungen stehen müssen.

35 Vgl. NuR 2007, 403 ff., und NuR 2007, 477 ff.

36 Bei der im Rahmen einer artenschutzrechtlichen Ausnahmeentscheidung vorzunehmenden Prüfung, ob sich der Erhaltungszustand der Populationen einer Art nicht verschlechtert (§ 43 Abs. 8 Satz 2 BNatSchG 2007, § 45 Abs. 7 Satz 2 BNatSchG 2010), steht der Planfeststellungsbehörde auch für die Entscheidung, an welchem Standort Maßnahmen zum Ausgleich eines vorhabenbedingten Verlustes ergriffen werden, ein Beurteilungsspielraum zu, so BVerwG, Urteil vom 9.6.2010 – 9 A 20.08, NuR 2010, 870–879 = DVBl 2011, 36 ff. mit Anmerkung Stüer.

37 Vgl. Gellermann, NuR 2007, 783 ff. (789).

38 ABl EG Nr. L 61 S. 1.

39 Vgl. BVerwGE 125, 116.

Aufgrund des dem Erhaltungszustand zugrundeliegenden populationsbezogenen Maßstabs können durch ein Vorhaben einzelne Siedlungsräume einer Art verloren gehen, ohne dass dies auf den Erhaltungszustand der Art durchschlägt, wenn die Populationen als solche in ihrem natürlichen Verbreitungsgebiet, das über das Plangebiet hinausreichen kann, als lebensfähiges Element erhalten bleiben. Zudem ist bei der Bewertung des Erhaltungszustandes zu berücksichtigen, ob etwa aufgrund von Ausgleichsmaßnahmen Ausweichhabitate zur Verfügung stehen, so dass die betroffene Populationen in einem günstigen Erhaltungszustand verbleibt. Auch ist zu prüfen, ob betroffene Arten auf Siedlungsräume ausweichen können, die ohne eine gezielte Aufwertung aufgrund ihrer naturräumlichen Ausstattung die Voraussetzungen für eine Besiedlung bieten. Eine Verschlechterung des Erhaltungszustands der Populationen ist anzunehmen, wenn die Zahl der die Populationen bildenden Individuen wesentlich verkleinert wird.[40]

Da Voraussetzung für die Ausnahme ist, dass sich die Populationen in einem günstigen Erhaltungszustand befinden, wäre die Zulassung einer Ausnahme an sich nicht zulässig, wenn der Erhaltungszustand nicht günstig ist. Dies gilt selbst für den Fall, dass das geplante Vorhaben zu keiner Verschlechterung des aktuellen Erhaltungszustandes führt. Der EuGH lässt es jedoch zu, dass auch bei einem ungünstigen Erhaltungszustand Ausnahmen unter außergewöhnlichen Umständen zugelassen werden können.[41] Voraussetzung dafür soll sein, dass der ungünstige Erhaltungszustand der betroffenen Populationen nicht verschlechtert oder die Wiederherstellung eines günstigen Erhaltungszustands nicht behindern wird. Dies ist insbesondere der Fall bei „neutralen“ Maßnahmen, bei denen etwa die Tötung einer Reihe von Exemplaren sich auf das in Art. 16 Abs. 1 FFH-Richtlinie genannte Ziel der Bewahrung eines günstigen Erhaltungszustands nicht auswirkt. Wann „außergewöhnliche Umstände“ vorliegen, hat der EuGH nicht entschieden. Voraussetzung ist aber wohl weder eine Gefährdung bestimmter Rechtsgüter noch die Verfolgung bestimmter Planungsziele. In dem Begriff „außergewöhnliche Umstände“ soll wohl vor allem zum Ausdruck kommen, dass beim Vorliegen eines ungünstigen Erhaltungszustands an den Nachweis der Neutralität des Eingriffs besondere Anforderungen zu stellen sind, die bereits in der Zulassung der Ausnahme selbst enthalten sein müssen.[42]

40 Vgl. OVG Koblenz, NuR 2008, 181.

41 Vgl. EuGH, Urteil vom 14.6.2007 – Rs. C-342/05 – „Wolfsjagd“, Rn. 29 Satz 1, Slg. 2007, I-4713 = NuR 2007, 477 ff.; s. a. BVerwG, NuR 2009, 414.

42 Vgl. VGH Mannheim, NuR 2010, 206 ff.; s. a. Sobotta, NuR 2007, 644 (647).

Das Bundesverwaltungsgericht hat in seiner Entscheidung zur A 44 bei Hessisch Lichtenau[43] eine Ausnahme von dem Verbot des § 44 Abs. 1 Nr. 3 in Verbindung mit Nr. 1 BNatSchG gemäß § 45 Abs. 7 Satz 1 Nr. 5 BNatSchG zugelassen, obwohl die betroffene Art[44] sich in einem ungünstigen Erhaltungszustand befindet. Ausschlaggebend für die Entscheidung des Gerichts war die Annahme, dass die Stabilität der Maculinea-Population infolge von Ausgleichs- bzw. Kompensationsmaßnahmen gewährleistet ist.[45] Ebenso hat das Bundesverwaltungsgericht in seinem Beschluss vom 9. 9. 2009 – 4 BN 4/09 – (Normenkontrolle gegen Bebauungsplan)[46] die Bewertung des VGH München nicht beanstandet, wonach entgegen dem Wortlaut des Art. 16 Abs. 1 FFH-RL nicht der angestrebte „günstige" Erhaltungszustand entscheidend sei. Maßgeblich ist nach der Entscheidung des VGH München vielmehr, dass der aktuelle Erhaltungszustand der Populationen der betroffenen Art – mag er sich auch als ungünstig darstellen – durch die Abweichung nicht in Mitleidenschaft gezogen wird.[47] Danach soll eine Population, da diese in Art. 2 lit. l) VO (EG) 338/97 und in § 10 Abs. 2 Nr. 4 BNatSchG wortgleich definiert ist, "eine biologisch oder geographisch abgegrenzte Zahl von Individuen" sein. Folglich könne der Verlust eines lokalen Vorkommens oder eines Reviers für den Erhaltungszustand der Population unerheblich sein. Eine Beeinträchtigung des Erhaltungszustandes der Populationen sei vielmehr erst dann anzunehmen, wenn sich die Anzahl der die Populationen bildenden Individuen wesentlich verkleinere oder eine einzelne Population wesentliche Arealverluste erleide.[48] Dabei seien wiederum mögliche Kompensationsmaßnahmen zu berücksichtigen, sofern sie im Zeitpunkt der Beeinträchtigung tatsächlich verfügbar und wirksam seien.[49] Zudem sei zu berücksichtigen, ob die Möglichkeit bestehe, dass die Individuen der betroffenen Populationen auf andere Landschaftsteile ausweichen könnten, die ohne gezielte Aufwertung aufgrund ihrer naturräumlichen Ausstattung die Voraussetzungen für eine Besiedlung böten.

43 Vgl. BVerwGE 130, 299, Rn. 267.

44 Maculinea nausithous (Dunkler Wiesenknopf-Ameisenbläuling).

45 Vgl. dazu Fehrensen, NuR 2009, 13 (17).

46 Vgl. auch BVerwGE 126, 166, Rn. 44.

47 Vgl. Gellermann, NuR 2003, 385 (393) mit weiteren Nachweisen: „nur Verschlechterungsverbot".

48 Vgl. BayVGH, Urteil vom 30.11.2008 – 9 N 05.112; bestätigt durch BVerwG, ZfBR 2010, 67 ff.

49 Vgl. Gellermann, NuR 2003, 385 (393); Kratsch, NuR 2007, 100 (105).

II. Fortentwicklung der naturschutzrechtlichen Ausnahmeregelungen bei Planungen im Innenbereich

1. Allgemeines

In Bebauungsplanverfahren erweisen sich artenschutzrechtliche Verbote als ein besonderes Erschwernis. Anders als beim Gebietsschutz nach § 34 BNatSchG, der bei Planungen außerhalb des Außenbereichs in der Praxis nur eine untergeordnete Rolle einnimmt, führt der besondere Artenschutz (§§ 44 f. BNatSchG) zu einer deutlichen Vergrößerung des Planungsaufwandes bei der Aufstellung oder Änderung von Bebauungsplänen innerhalb besiedelter/bebauter Bereiche. Denn sobald Anhaltspunkte für die Betroffenheit einer geschützten Art im Bebauungsplanverfahren erkennbar sind, hat die Gemeinde unabhängig davon, dass die Planung im Innenbereich (§ 34 BauGB) stattfindet, zu prüfen, ob der Verwirklichung der Planung artenschutzrechtliche Verbote entgegenstehen. Sie hat also zu ermitteln, welche Verbotstatbestände auf der nachfolgenden Ebene der Vorhabenzulassung erfüllt sein können, ob sich die Verstöße gegen die Verbote ggf. durch die Festsetzung von CEF-Maßnahmen abwenden lassen (§ 44 Abs. 5 BNatSchG) und, wenn dies nicht der Fall ist, ob die artenschutzrechtlich ggf. erforderliche Ausnahme prinzipiell erteilt werden kann (Planung in die Ausnahmelage, § 45 Abs. 7 BNatSchG).

Da die artenschutzrechtliche Prüfung in der Bauleitplanung nicht unmittelbar auf das Gemeinschaftsrecht zurückzuführen ist, sondern auf der drohenden Vollzugsunfähigkeit des Bebauungsplans beruht, steht es dem Deutschen Gesetzgeber gemeinschaftsrechtlich frei, die artenschutzrechtliche Prüfung im Bebauungsplanverfahren zu reduzieren bzw. zu modifizieren. Da die Problematik um die Vollzugsfähigkeit des Bebauungsplans als solche nicht durch den Gesetzgeber entschärft werden kann, trägt zur Entlastung der planenden Kommune bei, wenn diese in die Lage versetzt wird, bei bestimmten Planungen den Artenschutz kraft Gesetz zu überwinden. Diese Möglichkeiten sind in den Berliner Gesprächen, die im Sommer/Herbst 2010 in Berlin in Vorbereitung der BauGB-Novelle stattgefunden haben, erörtert und, soweit erkennbar, vom zuständigen Bundesministerium für Verkehr, Bau und Stadtentwicklung aufgegriffen worden. Dabei hat sich herauskristallisiert, dass eine gesetzliche Regel aufgestellt wird, wonach im Geltungsbereich eines im Innenbereich aufgestellten Bebauungsplans ein bebauungsplankonformes Vorhaben in der Regel auch artenschutzrechtlich (ausnahmsweise) zulässig sei, wenn die Planung der Verwirklichung gewichtiger Planungsziele dient. Die artenschutzrechtliche

Ertüchtigung des Bebauungsplans könnte in der Weise erreicht werden, dass der Bebauungsplan für das Artenschutzrecht eine Tatbestandswirkung entfaltet, so dass plankonforme Vorhaben auf der Genehmigungsebene von den artenschutzrechtlichen Verboten grundsätzlich freigestellt sind.

Methodisch würde sich eine solche Freistellung von den artenschutzrechtlichen Verboten allerdings nicht in die Abwendungsmöglichkeiten des § 44 Abs. 5 BNatSchG einfügen. Denn nach dieser Regelung beantwortet sich die Frage, ob gegen ein Verbot nach § 44 Abs. 1 Nr. 3, ggf. in Verbindung mit Nr. 1 BNatSchG verstoßen wird, allein nach den tatsächlichen Auswirkungen eines Vorhabens. Für den Tatbestandsausschluss nach § 44 Abs. 5 BNatSchG ist es hingegen unerheblich, wie gewichtig die mit dem Vorhaben verfolgten Belange sind. Die Bedeutung einer Planung für die Umwelt (z. B. Schonung des Außenbereichs) kann allein nicht bewirken, dass der Verbotstatbestand gemäß § 44 Abs. 5 BNatSchG von vornherein ausgeschlossen wird.

Möglich ist es jedoch, den Bebauungsplan, der für Flächen im Innenbereich aufgestellt wird, als einen Ausnahmetatbestand im Sinne des § 45 Absatz 7 BNatSchG zu definieren. Dadurch könnte es möglich sein, das geplante Vorhaben bauplanungskonform zu verwirklichen, ohne dass artenschutzrechtliche Verbote dem Vorhaben im Genehmigungsverfahren noch entgegenstehen. Die Bebauungsplanung wäre dann die gesetzliche Rechtfertigung für eine Ausnahmeentscheidung im Sinne von § 45 Abs. 7 BNatSchG. Eine eigenständige Ausnahmeregelung ist dann nicht mehr erforderlich.[50]

Ein derartiges Vorgehen des Gesetzgebers ist gemeinschaftsrechtlich grundsätzlich möglich. Die prinzipielle Entscheidung darüber, ob bestimmte Planungen artenschutzrechtlich zulässig sind bzw. bestimmte artenschutzrechtliche Bedingungen erfüllen, können für die Ebene des Bebauungsplans kraft Gesetz getroffen werden. Derartige Regelungen müssen jedoch den gemeinschaftsrechtlichen Anforderungen der FFH- und Vogelschutzrichtlinie standhalten, also die dort normierten Verbote überwinden.

50 Dieses gesetzgeberische Vorgehen ist im Bauordnungsrecht weit verbreitet, indem der Gesetzgeber dort, z. B. im Abstandsflächenrecht, Abweichungen von den gesetzlichen Anforderungen im Gesetz normiert hat.

2. Die Innenbereichsplanung als Ausnahmetatbestand

a. Rahmenbedingungen

Maßstab für die Möglichkeit, Planungen im Innenbereich naturschutzrechtlich aufzuwerten, sind Art. 16 FFH-RL bzw. Art. 9 Vogelschutz-RL[51]. Diese restriktiv auszulegenden Vorschriften[52] erlauben Abweichungen von den artenschutzrechtlichen Verboten. Art. 16 FFH-RL gestattet Abweichungen von den artenschutzrechtlichen Verboten, wenn es

(1) keine anderweitige zufriedenstellende Lösung gibt,

(2) die Population der betroffenen Art in ihrem natürlichen Verbreitungsgebiet trotz der Ausnahmeregelung ohne Beeinträchtigung in einem günstigen Erhaltungszustand verweilt und

(3) ein Rechtfertigungsgrund vorliegt; in Betracht kommt namentlich Art. 16 Abs. 1 lit. c) („zwingende Gründe des öffentlichen Interesses, einschließlich solcher sozialer oder wirtschaftlicher Art oder positiver Folgen für die Umwelt“).

Abweichungsvoraussetzung nach Art. 9 Abs. 1 Vogelschutz-RL ist ebenfalls, dass es keine anderweitige zufriedenstellende Lösung geben darf und das Vorhaben einem der genannten Zwecke dient, hier vor allem dem Schutz von Pflanzen und Tieren im Außenbereich.

Beide Vorschriften sind Ausprägung des gemeinschaftsrechtlichen Grundsatzes der Verhältnismäßigkeit (vgl. Art. 5 EGV). Danach dürfen die erlassenen Maßnahmen nicht die Grenzen dessen überschreiten, was zur Erreichung der mit der fraglichen Regelung verfolgten legitimen Ziele geeignet und erforderlich ist, wobei unter mehreren möglichen Maßnahmen die am wenigsten belastende zu wählen ist. Ferner dürfen die verursachten Nachteile nicht außer Verhältnis

51 Die Ausnahme in § 45 Abs. 7 Satz 1 Nr. 5 BNatSchG ist in Art. 9 Vogelschutz-RL nicht vorgesehen. Da nach der Rechtsprechung des EuGH die Ausnahmen in Art. 9 Vogelschutz-RL abschließend sind, wäre § 45 Abs. 7 Satz 1 Nr. 5 BNatSchG mit der Vogelschutz-RL an sich unvereinbar. Da jedoch unverständlich ist, dass nach Art. 9 Abs. 1 lit. c) Vogelschutz-RL Freizeitaktivitäten als Ausnahme zulässig sind, nicht aber z. B. Infrastrukturvorhaben, wird allgemein angenommen, dass zur Vermeidung von Wertungswidersprüchen und zur Wahrung der Verhältnismäßigkeit § 45 Abs. 7 Satz 1 Nr. 5 BNatSchG – wie vom Gesetzgeber vorgesehen – auch auf europäische Vogelarten anzuwenden ist, vgl. Gellermann, NuR 2007, 783 (789); Dolde, NVwZ 2008, 121.

52 Vgl. EuGH, Urteil vom 20.10.2005 in der Rechtssache C-6/04 (Kommission/Vereinigtes Königreich, Slg. 2005, I-9017, Rn. 25).

zu den angestrebten Zielen stehen.[53] So darf eine Alternative etwa wegen der mit ihr verbundenen Mehrkosten oder wegen eines sonstigen unverhältnismäßigen Aufwands auch mit Blick auf den mit ihr erreichbaren Gewinn für den Artenschutz unberücksichtigt bleiben.[54]

Das Ziel, Planungen im Innenbereich als einen Ausnahmefall im Sinne von § 45 Abs. 7 BNatSchG bzw. Art. 16 FFH-RL aufzuwerten, müsste sich zum einen als eine Planungsvariante darstellen, die grundsätzlich keine andere zufriedenstellende Lösung zulässt, und zum anderen einen zwingenden Grund des öffentlichen Interesses bilden. Solche Interessen können nach Art. 16 FFH-RL sozialer oder wirtschaftlicher Art sein oder positive Folgen für die Umwelt verfolgen. Das heißt, der Bebauungsplan muss einen zwingenden Grund des überwiegenden öffentlichen Interesses darstellen. Auch sind die Regelungen in § 45 Abs. 7 Satz 2 BNatSchG zu beachten, wonach zumutbare Alternativen nicht gegeben sein dürfen und sich der Erhaltungszustand der Populationen einer Art nicht verschlechtert.[55]

b. Zwingende Gründe des überwiegenden öffentlichen Interesses einschließlich solcher sozialer oder wirtschaftlicher Art

Zwingende Gründe des überwiegenden öffentlichen Interesses liegen nicht nur in außergewöhnlichen Einzelfällen, sondern auch bei gesetzlich bestimmten Planungszielen vor.[56] Ausreichend ist bei gesetzlich zulässigen Planungszielen, dass sie ein durch Vernunft und Verantwortungsbewusstsein geleitetes staatliches Handeln begründen.[57] Das ist der Fall, wenn die gesetzgeberische Zielstellung durch besonders schwerwiegende öffentliche Belange gerechtfertigt ist. Diese Belange müssen Hauptzweck der Regelung sein. Dabei kommt nicht jede beliebige Planung nur deshalb in Betracht, weil sie nicht im Außenbereich verwirklicht wird. Erforderlich ist die Verbindung mit schwerwiegenden öffentlichen Belangen, wie sie in Art. 16 Abs. 1 lit. c) FFH-RL genannt sind. Im Einzelfall müsste also geprüft werden, ob diese Belange die Planung rechtfertigen. Es erscheint daher zu weitgehend, jede Planung, nur weil sie im Innenbereich und

53 Vgl. BVerwGE 128, 1 ff., Rn. 129; vgl. auch Schlussanträge Kokott vom 29.1.2004 in der Rechtssache C-127/02 (Waddenvereniging und Vogelbeschermingsvereniging, Slg. 2004, I-7405, Nr. 106).

54 Siehe oben Fn. 20, auch BayVGH, Urteil vom 30.11.2008 – 9 N 05.112, Rn. 64; VGH Kassel, NuR 2009, 646–650.

55 Siehe dazu oben 8.d.

56 Vgl. BVerwG, NVwZ 2009, 910 ff., Rn. 55.

57 Vgl. BVerwGE 110, 302; BVerwG, NuR 2008, 633 ff.

nicht im Außenbereich stattfindet, als einen Abweichungsgrund im Sinne von Art. 16 Abs. 1 lit. c) FFH-RL zu bewerten. Eine solche Auffassung würde mit der vom EuGH geforderten restriktiven Auslegung[58] der Ausnahmegründe kollidieren.

Muss die Planung daher gewichtige Ziele verfolgen, könnte die Schaffung (dringend) benötigten Wohnraums, die Schaffung bzw. Sicherung von Arbeitsplätzen oder die Verwirklichung von Infrastrukturvorhaben von ausreichendem Gewicht sein. Insoweit bietet es sich an, auch auf die für das beschleunigte Verfahren in § 13a Abs. 2 Nr. 3 BauGB genannten Ziele abzustellen.

c. Zwingende Gründe des überwiegenden öffentlichen Interesses einschließlich positiver Folgen auf die Umwelt

Sollen die Abweichungen vom artenschutzrechtlichen Verbot für Baumaßnahmen im Innenbereich ohne Rücksicht auf die mit den Vorhaben verfolgten Zielen nur deshalb zulässig sein, weil dadurch der Außenbereich von einer Bebauung verschont wird, müsste dies gleichbedeutend mit positiven Folgen für die Umwelt sein bzw. im Sinne von Art. 9 Abs. 1 Vogelschutz-RL dem Schutz von Pflanzen und Tieren dienen. Dann müsste die Innenbereichsplanung jedenfalls dazu beitragen, die bauliche Entwicklung in den Außenbereich zu stoppen, so dass dadurch zugleich eine positive Folge für die Umwelt (Pflanzen und Tiere) bewirkt wird. Denkbar wäre dies insbesondere, wenn dadurch natürliche Lebensräume für Tiere und Pflanzen unangetastet blieben. Die damit verbundenen positiven Folgen für die Umwelt könnten nicht zuletzt auch im zwingenden öffentlichen Interesse liegen, das 30-ha-Ziel der Nationalen Nachhaltigkeitsstrategie[59] zu erreichen und zu verwirklichen.

Grenze einer solchen generell gerechtfertigten Planung dürften die negativen Folgen für die Umwelt im Planbereich (Innenbereich) sein. Die Artikel 12, 13 und 16 der FFH-RL bilden gemeinsam ein in sich stimmiges Regelungssystem zum Schutz der Populationen der betroffenen Arten.[60] Mit diesem Schutzsystem wäre es nicht ohne Weiteres vereinbar, nachteilige Folgen für von dem geplanten Vorhaben betroffene Arten damit zu rechtfertigen, dass Außenbereichsflächen ohne Bezug zu den betroffenen Arten nicht bebaut werden. Erforderlich dürfte

58 Vgl. EuGH, Urteil vom 20.10.2005 – C-6/04, Slg. 2005, I-9017, Rn. 111.

59 Das 30-ha-Ziel der Nationalen Nachhaltigkeitsstrategie sieht vor, die tägliche Flächeninanspruchnahme für Siedlungs- und Verkehrszwecke von 129 ha im Jahr 2000 auf 30 ha im Jahr 2020 zu reduzieren; s. a. Fortschrittsbericht der Bundesregierung, BT-Drucksache 16/10700.

60 Vgl. EuGH, Urteil vom 20.10.2005 – C-6/04, Slg. 2005, I-9017, Rn. 112.

es unter solchen Umständen wohl sein, dass – an den Rechtsgedanken des § 44 Abs. 5 Satz 2 BNatSchG anknüpfend, ohne dass die engen Tatbestandsvoraussetzungen erfüllt zu sein brauchen – die Planung positive Folgen für den Lebensraum der betroffenen Arten nach sich zieht. Eine artenschutzrechtlich unerhebliche Freihaltung des Außenbereichs erscheint insoweit weder ausreichend noch einer generalisierenden Regelung zugänglich.

d. Keine zumutbaren Alternativen bzw. keine andere zufriedenstellende Lösung

Der Begriff der Alternative im Sinne von Art. 16 Abs. 1 FFH-RL/Art. 9 Abs. 1 Vogelschutz-RL bzw. § 45 Abs. 7 Satz 2 BNatSchG steht in engem Zusammenhang mit den Planungszielen, die mit dem Vorhaben verfolgt werden. Eine Alternativlösung ist nur dann gegeben, wenn sich die zulässigerweise verfolgten Planungsziele trotz ggf. hinnehmbarer Abstriche auch mit der Alternative erreichen lassen.[61] Ist dies nicht möglich, handelt es sich nicht mehr um eine Alternative im rechtlichen Sinne, sondern um eine andere Planung und ein anderes mit der Planung verfolgtes Vorhaben.[62]

Die Planung im Innenbereich ist in der Regel insoweit eine alternativlose Maßnahme im Sinne von Art. 16 Abs. 1 FFH-RL, als sie zwangsläufig dazu führt, dass die Flächeninanspruchnahme im bisher unbebauten Außenbereich verringert wird und so Natur und Landschaft geschont werden. Anders als durch eine Innenbereichsplanung können auch die Stadtfunktionen in der Regel nicht gestärkt werden. Da es das gesetzgeberische Anliegen ist, nicht die bauliche Tätigkeit allgemein, sondern gerade in den besiedelten/bebauten Bereichen zu fördern, würde ein Ausweichen auf den Außenbereich eine andere Planung bzw. ein anderes Vorhaben darstellen. Auch insoweit würde sich die Beplanung/Bebauung des Außenbereichs nicht als eine gleichwertige Alternative darstellen.

Andererseits darf die Alternativenprüfung nicht bei der Frage Innenbereich vs. Außenbereich haltmachen. Die artenschutzrechtliche Privilegierung einer Innenbereichsplanung als solche ist nicht geeignet, in allen Fallkonstellationen artenschutzrechtliche Hindernisse zu überwinden. Im Einzelfall können die artenschutzrechtlichen Interessen Vorrang vor der geplanten Innenentwicklung etwa dann genießen, wenn als Alternative andere geeignete und verfügbare Flächen im Innenbereich zur Verfügung stehen, die ein geringeres

61 BVerwGE 116, 254 (261 f.).

62 BVerwGE 130, 83 (108), Rn. 67.

artenschutzrechtliches Konfliktpotential besitzen. In diesen Fällen darf sich eine Planung nicht allein deshalb, weil sie im Innenbereich stattfindet, einer anderen zufriedenstellenden und gleichwertigen Lösung versperren. Andernfalls würde die Planung sich trotz der Aufwertung des Bebauungsplans als Ausnahmetatbestand im Sinne von § 45 Abs. 7 Satz 1 Nr. 5 BNatSchG als nicht vollziehbar erweisen. In derartigen Fallkonstellationen wird der Naturschutzbehörde die Möglichkeit der Nachsteuerung verbleiben müssen.

e. Keine Verschlechterung des Erhaltungszustands der Populationen einer Art

Problematisch könnte die Anwendung des Abweichungstatbestandes des § 45 Abs. 7 Satz 1 Nr. 5 BNatSchG auch sein, wenn sich die von der Planung bzw. dem Vorhaben betroffenen Populationen einer Art in einem schlechten Erhaltungszustand befinden. In der Rechtsprechung ist geklärt, dass im Falle eines ungünstigen Erhaltungszustands der Populationen der betroffenen Art Ausnahmen nach Art. 16 Abs. 1 FFH-RL/§ 45 Abs. 7 BNatSchG nur zulässig sind, wenn sachgemäß nachgewiesen ist, dass sie weder den ungünstigen Erhaltungszustand dieser Populationen weiter verschlechtern noch die Wiederherstellung eines günstigen Erhaltungszustands behindern.[63] Hingegen müssen „außergewöhnlichen Umstände" nicht vorliegen.[64] Unter diesen Voraussetzungen ist jedenfalls eine Einzelfallbetrachtung unabdingbar. Über diese Vorgaben könnte sich eine gesetzliche Regelung, nach der Bebauungspläne im Innenbereich zur artenschutzrechtlichen Unbedenklichkeit eines Vorhabens führen, nicht hinwegsetzen. Den Naturschutzbehörden muss auch bei derartigen Fallkonstellationen die Möglichkeit einer Nachsteuerung offen stehen.

63 Vgl. BVerwG, Beschluss vom 17.4.2010 – 9 B 5/10, Rn. 8.

64 Vgl. EuGH, Urteil vom 14.7.2007 – Rs.C-342/05 – „Wolfsjagd", Slg. 2007, I-4713, Rn. 29 S. 1 = NuR 2007, 477 ff.

3. Regelungsmöglichkeiten

Regelungen über die artenschutzrechtliche Bedeutung von Bebauungsplänen im Innenbereich bzw. von Bebauungsplänen der Innenentwicklung betreffen gleichermaßen das Artenschutzrecht und das Bauplanungsrecht. Die Regelungen könnten also im Baugesetzbuch oder im Bundesnaturschutzgesetz verankert werden.

Als Umsetzungs-Modell kommt die gesetzgeberische Festlegung in Betracht, wonach Planungen der Innenentwicklung nach bestimmten Maßgaben artenschutzrechtlich zulässig sind. Derartige Maßgaben könnten sein, dass plankonforme Vorhaben dann artenschutzrechtlich zulässig sind, wenn sie bestimmten Zwecken dienen. Denkbar wäre es zu regeln, dass Vorhaben, die der Deckung eines dringenden Wohnbedarfs, der Schaffung oder Sicherung von Arbeitsplätzen oder anderen gewichtigen Zielen dienen, artenschutzrechtlich zulässig sind. Aufgrund der gesetzgeberischen Festlegung ihrer städtebaulichen Bedeutung würden sich diese Planungen bzw. Vorhaben gegen artenschutzrechtliche Verbote durchsetzen bzw. diese verdrängen, indem bereits der Tatbestand des artenschutzrechtlichen Verbots als nicht erfüllt gilt.

Vorzugswürdig erscheint es, kraft Gesetz eine Ausnahmelage zu bestimmen, so dass die Fachbehörde bei bestimmten Planungen eine Ausnahmegenehmigung im Sinne von § 45 Abs. 7 Nr. 5 BNatSchG zu erteilen hätte. Der Gesetzgeber könnte sogar eine gesetzliche Ausnahmevorschrift kreieren, so dass die Ausnahme kraft Gesetz bei bestimmten, von ihm benannten Vorhaben, als erteilt gilt. Die zuständige Naturschutzbehörde behielte dann die Möglichkeit, mit Hilfe der §§ 48 ff. VwVfG im Einzelfall gegenzusteuern. Inhalt dieser gesetzlichen Ausnahmelage könnte sein, dass Bebauungspläne, die für den Innenbereich aufgestellt werden und bestimmte Ziele, etwa die in § 13a Abs. 2 Nr. 3 BauGB benannten, verfolgen, zugleich den Tatbestand des § 47 Abs. 7 Satz 1 Nr. 5 und Satz 2 BNatSchG erfüllen.

Wenig vorteilhaft erscheint es demgegenüber, die artenschutzrechtliche Zulässigkeit von Innenbereichsvorhaben ohne Rücksicht auf den konkreten Inhalt der Bebauungsplanung als Regelvermutung auszugestalten. Dadurch würde ein Regel-Ausnahme-Verhältnis geschaffen werden. Es wäre dann im nachgehenden Genehmigungsverfahren Aufgabe der Fachbehörde darzulegen, dass die Regelvermutung im Einzelfall nicht greift. Gelingt ihr dies nicht oder unterbleibt eine Nachsteuerung, setzt sich das im Innenbereich geplante Vorhaben gegen die artenschutzrechtlichen Verbote durch. Auch insoweit wäre eine Tatbestandslösung oder eine Ausnahmelösung denkbar. Allerdings würde eine solche

Regelungstechnik regelmäßig einen Streit entfachen, ob der Bebauungsplan im Einzelfall geeignet ist, einen Ausnahmetatbestand zu erfüllen. Dies würde das Bebauungsplanverfahren und das Genehmigungsverfahren erschweren, nicht aber erleichtern.

Städtebauliche Möglichkeiten zur Bewältigung der Problematik der Schrottimmobilien – Novellierungserfordernisse aus der Sicht des Deutschen Städtetages

*Eva Maria Niemeyer**

* Deutscher Städtetag, Köln.

I. Ausgangslage

In der stadtentwicklungspolitischen Diskussion wird anstelle des Begriffs „verwahrloste Immobilie“ oft auch der Begriff „Schrottimmobilie“ verwendet. Dieser Begriff ist allerdings insoweit missverständlich, da er der Finanzwelt im Sinne von „fehlgeschlagenen Kapitalanlagen“ entstammt, wenngleich bei beiden Begrifflichkeiten durchaus Überschneidungen vorkommen können.

Der städtebauliche Begriff der „Schrottimmobilie“ bezeichnet verwahrloste Immobilien, die an unterschiedlichen Standorten innerhalb des Gemeindegebietes gelegen sein können und eine städtebauliche und stadtentwicklungsplanerisch sinnvolle Nutzung des betroffenen Bereiches unmöglich machen oder wesentlich erschweren. Dabei kann es sich sowohl um einzelne Immobilien als auch um ganze Straßenzüge/Siedlungen mit zusammenhängenden Gebäudekomplexen handeln. Die Entstehungssituationen für die Verwahrlosung sind unterschiedlich (z. B. (Mehrfach-)Verkäufe ganzer Wohnungsbestände an „Heuschrecken“, aber auch begründet in der persönlichen Situation/fehlenden Motivation der Eigentümer, Auswirkungen des demografischen Wandels), in deren Folge die Eigentümer nicht willens oder nicht in der Lage sind, die an die Immobilie gerichteten Anforderungen zu erfüllen. Vielfach tritt die Verwahrlosung im Sinne einer nicht angemessenen Nutzung ein, einhergehend mit baulichem Verfall.

Von der Problematik der Schrottimmobilien sind zahlreiche Gemeinden aller Größenklassen betroffen, festzustellen ist eine Abhängigkeit von der Lage auf dem Wohnungs- und Immobilienmarkt; betroffen sind alle Nutzungen (Wohnen und Gewerbe, gemischte Nutzungen, Gemeinbedarfseinrichtungen).

Die Lage im Gemeindegebiet ist sehr heterogen, Schrottimmobilien sind überall anzutreffen, auch im Außenbereich. Der planungsrechtliche Status ist ebenfalls sehr heterogen. Schrottimmobilien sind in allen bauplanungsrechtlichen Konstellationen vorhanden, vielfach aber im unbeplanten Innenbereich.

II. Hoheitliche Instrumente im Umgang mit Schrottimmobilien

Den Gemeinden stehen aus verschiedenen Rechtsbereichen diverse hoheitliche Instrumente zur Bewältigung der „Schrottimmobilien-Problematik“ zur Verfügung. Zunächst werden die in Frage kommenden Instrumente schlagwortartig aufgelistet, sodann wird die Bedeutung der in der Praxis am häufigsten zur Anwendung kommenden Instrumente kurz dargestellt (der

Wortlaut einiger ausgewählter gesetzlicher Bestimmungen ist im Anhang abgedruckt).

1. Bauplanungsrecht

- Vorkaufsrecht nach § 24 BauGB
- besonderes Vorkaufsrecht nach § 25 BauGB (durch Satzung)
- Vorkaufsrecht zugunsten Dritter nach § 27a BauGB
- Enteignung nach § 85 BauGB
- Erhaltungssatzung nach §§ 172 ff. BauGB
- städtebauliche Sanierungsmaßnahmen nach §§ 136 ff. BauGB
- Stadtumbaumaßnahmen nach den §§ 171a bis e BauGB
- städtebauliche Gebote gemäß den §§ 175 ff. BauGB
- hilfreich auch: §§ 207 (von Amts wegen bestellter Vertreter) und 209 BauGB (Duldung von Vorarbeiten auf Grundstücken)

a. Vorkaufsrechte (§§ 24, 25, 27a BauGB)

Die Gemeinde kann das Vorkaufsrecht beim Kauf von Grundstücken ausüben, sofern die tatbestandlichen Voraussetzungen der §§ 24 oder 25 BauGB vorliegen. Das Vorkaufsrecht darf nur ausgeübt werden, wenn das Wohl der Allgemeinheit dies rechtfertigt. § 26 BauGB regelt den Ausschluss des Vorkaufsrechts, § 27 BauGB zeigt auf, unter welchen Voraussetzungen der Käufer des Grundstücks die Ausübung des Vorkaufsrechts abwenden kann.

Das allgemeine Vorkaufsrecht (§ 24 BauGB) ist in der Regel nicht geeignet für „Einzelfälle" im unbeplanten Innenbereich, ist aber ein brauchbares Instrument zur Flankierung quartiersbezogener Maßnahmen, da es bei Grundstücksverkäufen in Umlegungsgebieten, in Sanierungs- und städtebaulichen Entwicklungsgebieten sowie im Geltungsbereich einer Stadtumbau- oder Erhaltungssatzung zur Anwendung kommen kann. Hier konnten in einigen Fällen – auch unter Anwendung des besonderen Vorkaufsrechts – gute Erfolge erzielt werden.[1]

Allerdings kann ein Vorkaufsrecht nur ausgeübt werden, wenn auch tatsächlich Erwerbsvorgänge stattfinden, darüber hinaus steht den Gemeinden ein Vor-

1 Vgl. hierzu die Beispielsfälle in „Leitfaden zum Einsatz von Rechtsinstrumenten beim Umgang mit verwahrlosten Immobilien (‚Schrottimmobilien')", Werkstatt: Praxis, Heft 65, herausgegeben vom Bundesministerium für Verkehr, Bau und Stadtentwicklung und dem Bundesinstitut für Bau-, Stadt- und Raumforschung im Bundesamt für Bauwesen und Raumordnung.

kaufsrecht nicht zu beim Kauf von Rechten nach dem Wohnungseigentumsgesetz und von Erbbaurechten und auch nicht im Zwangsversteigerungsverfahren. Die Ausübung des Vorkaufsrechts zugunsten Dritter (§ 27a BauGB) ist nur in eng begrenzten Fällen möglich, hier wäre eine Erweiterung des Anwendungsbereichs wünschenswert (s.o. unter 3.).

b. Städtebauliche Sanierungsmaßnahmen / Stadtumbaumaßnahmen (§§ 136 ff. BauGB und §§ 171a bis e BauGB)

Im Geltungsbereich eines städtebaulichen Sanierungs- oder Stadtumbaugebiets können die dann geltenden Sonderregelungen, wie z. B. die Auskunftspflicht der Eigentümer oder die Genehmigungsvorbehalte auch zur Bewältigung der Probleme mit Schrottimmobilien beitragen. Von Bedeutung ist auch, dass in diesen Gebieten durch den möglichen Einsatz von Städtebauförderungsmitteln die Finanzierung bestimmter Leistungen erleichtert wird.

c. Städtebauliche Gebote (§§ 175 ff. BauGB)

Städtebauliche Gebote sind geeignet zur Anordnung von Maßnahmen der Instandsetzung, Modernisierung, Anpassung und zum Abbruch verwahrloster Immobilien. § 175 BauGB legt die von der Gemeinde zu beachtenden gemeinsamen materiellen und prozeduralen Voraussetzungen fest (Erörterungspflicht mit den Betroffenen, Beratungspflicht, auch über öffentlich-rechtliche Fördermöglichkeiten). Voraussetzung ist auch, dass die alsbaldige Durchführung der Maßnahmen aus städtebaulichen Gründen erforderlich ist.

Das Modernisierungsgebot (§ 177 Abs. 1 BauGB) kann zur Anwendung kommen, wenn die bauliche Anlage Missstände aufweist, d. h., wenn sie nicht den allgemeinen Anforderungen an gesunde Wohn- und Arbeitsverhältnisse entspricht (§ 177 Abs. 2 BauGB).[2] Eine Standardverbesserung erfordert das Vorhandensein einer gewissen „Restnutzung“, darüber hinaus muss die Modernisierung städtebaulich erforderlich sein. Dies wird sich vor allem im Aufwertungs- bzw. Sanierungsgebiet begründen lassen. Die Maßnahmen müssen technisch möglich und wirtschaftlich vertretbar sein. Die Kostentragung regelt § 177 Abs. 4 BauGB. Vereinfacht gesagt hat demnach grundsätzlich der Eigentümer die Kosten der Modernisierung zu tragen, allerdings nur, soweit sie rentierlich sind. Im

2 Zur näheren Erläuterung des Missstandsbegriffs vgl. Krautzberger, in: Battis/Krautzberger/Löhr, Baugesetzbuch, 11. Auflage 2009, § 177 Rn. 5.

Übrigen sind ihm die Kosten von der Gemeinde – zwar nur subsidiär gegenüber anderweitiger Förderung – zu erstatten, worin aber für die Gemeinden dennoch ein nicht unerhebliches Kostenrisiko liegt, das die Bereitschaft zur Anwendung dieses Instruments einschränkt.

Mit dem Instandsetzungsgebot (§ 177 Abs. 1 BauGB) kann die Gemeinde die Behebung von Mängeln (§ 177 Abs. 3 BauGB) anordnen.[3] Es gelten im Übrigen die o.g. Erfordernisse. Der Anwendungsbereich ist auch dadurch eingeschränkt, dass im Bereich der Schrottimmobilien der bauliche Zustand oft so ruinös ist, dass die Anordnung eines Instandsetzungsgebots nicht verhältnismäßig – weil wirtschaftlich nicht sinnvoll – ist. Hier wäre dann eher ein Rückbaugebot in Betracht zu ziehen.

Mit dem Rückbaugebot (§ 179 Abs. 1 Satz 1 BauGB) kann die Gemeinde anordnen, dass bauliche Anlagen ganz oder teilweise beseitigt werden. Voraussetzung ist, dass sich das Grundstück im Geltungsbereich eines Bebauungsplans befindet und dessen Festsetzungen nicht entspricht und auch nicht angepasst werden kann (Nr. 1) oder Missstände oder Mängel im Sinne von § 177 Abs. 2 und Abs. 3 Satz 1 BauGB aufweist, die nicht durch ein Modernisierungs- oder Instandsetzungsgebot behoben werden können (Nr. 2). Der Eigentümer kann lediglich zur Duldung des Rückbaus/der Entsiegelung verpflichtet werden, die Gemeinde ist zur Tragung der Kosten verpflichtet.[4]

Damit werden auch schon die wesentlichen Hemmnisse bei der Anwendung des Rückbaugebots deutlich: Das Erfordernis der Planakzessorietät stellt für die Gemeinden im Umgang mit Schrottimmobilien ein Problem dar, da vielfach in Innenstadt-/Gemengelagen kein Bebauungsplan vorliegt und es vor einer weiteren Konkretisierung der zukünftigen städtebaulichen Nutzung ggf. mit einem sich anschließenden Bebauungsplanverfahren zunächst erforderlich ist, den „Schandfleck“ beseitigen zu können. Ein weiteres Hindernis ist die alleinige Kostentragungspflicht der Gemeinde, was jedenfalls in den Fällen, in denen der Eigentümer die bauliche Anlage derart verkommen lässt, dass so gravierende Missstände oder Mängel eingetreten sind, die einen Abbruch der Anlage zulassen, nicht ohne Weiteres nachvollziehbar ist.

3 Zu den tatbestandlichen Voraussetzungen vgl. Krautzberger, Fn. 2, § 177 Rn. 10.

4 Zu den Voraussetzungen im Übrigen vgl. Krautzberger, Fn. 2, § 179 Rn. 5.

2. Bauordnungsrecht

- Abbruch- bzw. Beseitigungsanordnung
- Spezialermächtigung zum Abriss von Schrottimmobilien (z.B. § 79 Abs. 2 Bremische Landesbauordnung)
- Anordnung von Sicherungsmaßnahmen
- Anordnung von Instandsetzungsmaßnahmen
- Anordnung weiterer Ordnungsmaßnahmen

Auch das Bauordnungsrecht kann mit seinen verschiedenen Eingriffsbefugnissen einen Betrag zum Umgang mit Schrottimmobilien leisten. Aufgrund der landesrechtlich unterschiedlich geregelten bauordnungsrechtlichen Befugnisse wird auf das Zitat konkreter Rechtsgrundlagen (mit Ausnahme von Spezialermächtigungen in einigen Ländern) verzichtet, vielmehr werden die in allen Ländern bestehenden Befugnisse der Bauaufsichtsbehörden in allgemeiner Form dargestellt.

a. Abbruch- bzw. Beseitigungsanordnung

Mit einer Abbruch- bzw. Beseitigungsanordnung können die Bauaufsichtsbehörden die Beseitigung baurechtswidriger Zustände bzw. die Beseitigung baufälliger/ruinöser Bausubstanz fordern, als Ermächtigungsgrundlage kommen Spezialregelungen (z.B. § 79 BremLBO, §§ 81, 82 LBO Rheinland-Pfalz) oder die bauordnungsrechtliche Generalermächtigung in Betracht. Der in Anspruch genommene Störer hat die Kosten des Abbruchs zu tragen; wird er nicht selbst tätig, so kann die Bauaufsicht zu Zwangsmitteln greifen, insbesondere auch im Wege der Ersatzvornahme vorgehen.

Spezialermächtigungen in den Landesbauordnungen, die explizit auch den Abbruch von im Verfall befindlichen baulichen Anlagen regeln, sind hilfreich, wenngleich im Einzelfall Abgrenzungsschwierigkeiten zum städtebaulichen Rückbaugebot – insbesondere aufgrund von Missständen oder Mängeln – entstehen können. Zwar dienen diese Instrumente unterschiedlichen Zielen (Beseitigung baurechtswidriger Zustände einerseits/Verwirklichung des Bebauungsplans bzw. Beseitigung nicht mehr instandsetzungsfähiger Bausubstanz andererseits), eine sorgfältige Begründung für die Anwendung des bauaufsichtlichen Abbruchgebots ist aber insbesondere wegen der mit dem städtebaulichen Rückbaugebot verbundenen „Erschwernisse“ (Erfordernis der Planakzessorietät,

Kostentragungspflicht durch die Gemeinde) von Bedeutung, will man sich nicht dem Verdacht der „Umgehung“ aussetzen.

Darüber hinaus sind im bauordnungsrechtlichen Bereich Konflikte möglich mit den Grundsätzen des Bestandsschutzes und der Fortwirkung einer früher erteilten Baugenehmigung auch bei länger zurückliegender Nutzungsaufgabe. Eine Abbruchanordnung auf der Grundlage der bauaufsichtlichen Generalklausel wird darüber hinaus nur in Ausnahmefällen in Betracht kommen. Sofern „mildere Mittel“ zur Verfügung stehen, die geeignet sind, den Auftrag der Bauaufsichtsbehörden zur Wahrung der Belange der öffentliche Sicherheit und Ordnung zu erfüllen (z. B. Absperrmaßnahmen etc.), wird diesen gegenüber einer Abbruchanordnung nach dem Grundsatz der Verhältnismäßigkeit der Vorzug zu geben sein.

b. Sicherungsmaßnahmen

Auch auf die Sicherung der Bausubstanz gerichtete Maßnahmen (z. B. Zumauern von Fenstern und Türen) bieten eine Lösung nur im Hinblick auf die Gefahrenabwehr. Das negative städtebauliche Gesamtbild wird nicht beseitigt.

c. Instandsetzungsmaßnahmen

Die bauaufsichtliche Anordnung von Instandsetzungsmaßnahmen kann dagegen von erheblicher Bedeutung für die Beseitigung von Verwahrlosungszuständen sein. Möglich ist die Anordnung von Maßnahmen zur Standsicherheit, zur Beseitigung schadhafter Stellen an Mauerwerk und Dach oder Maßnahmen zur Anpassung an die Umgebung bei Störung des Orts- und Straßenbildes. Das Verfahren ist, da in der Regel immer auch ein Vollstreckungsverfahren erforderlich wird, aufwändig und mit einem Kostenrisiko für die Bauaufsicht/Gemeinde behaftet. Als Rechtsgrundlage kommt in der Regel nur die bauaufsichtliche Generalklausel in Betracht; eine besondere Ermächtigung enthält darüber hinausgehend § 76 Abs. 2 HmbLBO, wonach die Bauaufsichtsbehörde anordnen kann, dass „(...) durch Beschriftung oder Bemalung verunstaltete (...) Anlagen (...) in Stand gesetzt werden (...) ihr Anstrich erneuert (...) oder die Fassade gereinigt wird“.

3. Denkmalrecht

- denkmalrechtliche Erhaltungsanordnung
- Anordnung zur Wiederherstellung von Denkmälern
- denkmalrechtliches Vorkaufsrecht

Der Anwendungsbereich der denkmalrechtlichen Erhaltungsanordnung ist durch den Vorbehalt der wirtschaftlichen Zumutbarkeit stark eingeschränkt. Die Wiederherstellungsanordnung ist nicht auf die Beseitigung von Verwahrlosungszuständen gerichtet. Auch das denkmalrechtliche Vorkaufsrecht ist nicht zielführend, da bei verwahrlosten, denkmalgeschützten Immobilien in der Regel kaum Erwerbsvorgänge stattfinden.

4. Wohnungsaufsichtsrecht

- Instandhaltungs- bzw. Instandsetzungsanordnung
- Anordnung der Erfüllung von Mindestanforderungen an erträgliche Wohnverhältnisse
- Gebot zur Instandsetzung bzw. Verbesserung von Gebäuden und Außenanlagen

Die Anwendung der wohnungsaufsichtlichen Instrumente ist bei bestimmten Fallkonstellationen durchaus zielführend,[5] für die Vielzahl der Fälle aber eher nicht nutzbar, zumal es einer landesrechtlichen Ermächtigungsgrundlage bedarf, die derzeit nur noch in vier Ländern (Berlin, Hamburg, Hessen, Nordrhein-Westfalen) gegeben ist. Die Instrumente der Wohnungsaufsicht kommen nur bei noch zu Wohnzwecken genutzten Wohngebäuden zur Anwendung, nicht bei Leerstand und auch nicht bei gewerblichen Immobilien. Ziel ist die Wohnungsbestandssicherung, nicht die Beseitigung städtebaulicher Missstände.

5 Vgl. hierzu Beispielsfall in „Leitfaden zum Einsatz von Rechtsinstrumenten beim Umgang mit verwahrlosten Immobilien (‚Schrottimmobilien')", Fn. 1.

5. Fazit

Die auf den ersten Blick zwar zahlreich vorhandenen, aber in ihrem Anwendungsbereich vielfach nur eingeschränkt einsetzbaren, aufwändigen und für die Gemeinden kostenintensiven rechtlichen Instrumente können die Probleme beim Umgang mit Schrottimmobilien noch nicht zufriedenstellend lösen.

III. Überlegungen zur Weiterentwicklung der Instrumente

Die Bundesregierung plant, in dieser Legislaturperiode das BauGB und die BauNVO zu überprüfen und im Sinne der Förderung des Klimaschutzes und der Ziele der Innenentwicklung weiterzuentwickeln. Schrottimmobilien sind häufig im unbeplanten Innenbereich anzutreffen und „blockieren" wertvolle – i.d.R. bereits gut erschlossene – Flächen für sinnvolle Folgenutzungen. Ein gut funktionierendes Instrumentarium zur Bewältigung der Schrottimmobilienproblematik ist daher ein wichtiger Baustein zur Förderung der Innenentwicklung.

Im Folgenden sollen daher die aus Sicht des Deutschen Städtetages denkbaren Erleichterungen bei den städtebaulichen Instrumentarien – insbesondere beim Rückbaugebot (§ 179) und bei den verschiedenen Varianten des Vorkaufsrechts (§§ 24, 25, 27a BauGB) – vorgestellt werden. Im Rahmen der anstehenden Baurechtsnovelle wäre eine Umsetzung der vorgeschlagenen Erleichterungen machbar und wünschenswert.

Unabhängig davon ist festzustellen: In nahezu allen Fällen, in denen Schrottimmobilien städtebaulich problematisch sind, versuchen die Gemeinden, die Bewältigung der Problematik im Wege von konsensualen Strategien zu lösen und haben damit auch beachtliche Erfolge erzielt. Wichtig sind eine strategische Positionierung der Gemeinde und die Ausarbeitung städtebaulicher Zielsetzungen. An dem Prinzip des vorrangigen, einvernehmlichen Wegs mit den Eigentümern problembehafteter Immobilien soll unabhängig von der Forderung nach Erleichterungen beim hoheitlichen Instrumentarium festgehalten werden. Auch beim konsensualen Vorgehen sind noch Verbesserungen möglich, beispielsweise durch verstärkte Öffentlichkeitsarbeit, Motivation und Beratung der Eigentümer, wie es für beide Seiten zu einer „win-win-Situation" kommen kann. Nicht immer lassen sich jedoch Verhandlungsverfahren durchführen oder einvernehmliche Lösungen finden. Daher sind hoheitliche Instrumente notwendig. Das Vorhandensein hoheitlicher Instrumente fördert auch die Bereitschaft der Eigentümer, sich auf eine gemeinsame Strategie mit den Gemeinden einzulassen.

1. Rückbau- und Entsiegelungsgebot (§ 179 BauGB)

Ein Rückbaugebot nach § 179 Abs.1 setzt voraus, dass die rückzubauende bauliche Anlage im Geltungsbereich eines Bebauungsplans liegt und
- den Festsetzungen des Bebauungsplans nicht entspricht und nicht angepasst werden kann (Nr. 1) oder
- Missstände bzw. Mängel im Sinne des § 177 Abs. 2 und 3 Satz 1 BauGB vorhanden sind, die durch eine Modernisierung oder Instandsetzung nicht behoben werden können (Nr. 2).

Das Rückbaugebot ist als Duldungsverpflichtung ausgestaltet, d.h., die Stadt muss die Beseitigung auf eigene Kosten durchführen. Zudem besteht gemäß § 179 Abs. 3 BauGB die Verpflichtung, dem Eigentümer/Mieter/Pächter eine Entschädigung für entstandene Vermögensnachteile zu leisten.

Änderungsvorschlag:
Eine Option zur Erleichterung der Anwendbarkeit dieses Instruments wäre
- der Wegfall des Erfordernisses der Planakzessorietät bei § 179 Abs. 1 Nr. 2 BauGB
- die Kostentragungspflicht durch den Eigentümer/„Störer".

Wann eine bauliche Anlage „Missstände oder Mängel" aufweist, ist beispielhaft in § 177 Abs. 2 und 3 BauGB definiert, auf das Erfordernis des Vorliegens eines Bebauungsplans kann daher im Fall des § 179 Abs. 1 Nr. 2 BauGB verzichtet werden. Wie oben dargelegt, stellt sich die Schrottimmobilienproblematik vielfach im unbeplanten Innenbereich (§ 34 BauGB). Als Maßstab für die Feststellung eines städtebaulichen Missstands bzw. Mangels ist der Verweis auf § 177 Abs. 2 und 3 BauGB ausreichend, eines Bebauungsplans bedarf es hierfür nicht. Damit würde das Rückbaugebot zu einem Instrument weiterentwickelt, das insbesondere im Innenbereich gelegene Immobilien mit den genannten nachteiligen städtebaulichen Auswirkungen erfasst.

Zumindest bei einem aufgrund von Missständen oder Mängeln begründeten Rückbaugebot sollte der Eigentümer als für den baulichen Zustand (hier: „Missstand") seiner Anlage Verantwortlicher unter Heranziehung des Rechtsgedankens des „Zustandsstörers" auch die Kosten der Abbruchmaßnahme tragen müssen.

2. Vorkaufsrecht zugunsten Dritter (§ 27a BauGB)

§ 27a BauGB begründet die Möglichkeit der Ausübung des gemeindlichen Vorkaufsrechts zugunsten eines Dritten. Die Ausübung des Vorkaufsrechts kommt nur in den im Gesetz bezeichneten drei Fällen in Betracht:

- Ausübung des Vorkaufsrechts zugunsten Dritter für Zwecke der sozialen Wohnraumförderung oder wenn die Wohnbebauung für Personengruppen mit besonderem Wohnbedarf genutzt werden soll (Abs. 1 Nr. 1),
- Vorkaufsrecht nach § 24 Abs. 1 Satz 1 Nr. 1 BauGB zugunsten eines öffentlichen Bedarfs- oder Erschließungsträgers (Abs. 1 Nr. 2, 1. Halbsatz)
- Vorkaufsrecht nach § 24 Abs. 1 Satz 1 Nr. 3 BauGB zugunsten eines Sanierungs- oder Entwicklungsträgers (Abs. 1 Nr. 2, 2. Halbsatz).

Die Vorschrift bezweckt, einen Durchgangserwerb bei der Gemeinde zu vermeiden, wenn von vorneherein schon feststeht, dass die Gemeinde nicht selbst Eigentümerin bleiben will, sondern das Grundstück in das Eigentum des mit der Verwirklichung oder Planung einer Maßnahme betrauten Dritten übergehen soll.

Änderungsvorschlag:
Es besteht Bedarf, die Anwendungsfälle dieses Instruments zu erweitern. Eine Erweiterung ist denkbar bei der Zweckbestimmung (§ 27a Abs. 1 Nr. 1 BauGB) oder durch Verzicht auf die Anforderung zugunsten eines „öffentlichen“ Bedarfs- oder Erschließungsträgers (§ 27a Abs. 1 Nr. 2 BauGB, 1. Halbsatz). Damit würden zur Entlastung der Gemeinden und Investoren Verfahrensvereinfachungen für die häufig vorkommenden Fälle bewirkt, in denen bei Ausübung des Vorkaufsrechts bereits feststeht, dass die Gemeinde das Grundstück nicht selbst entwickeln, sondern die Entwicklung einem Dritten übertragen will. Ein bisher notwendiger „Zwischenerwerb“ durch die Gemeinde könnte dann entfallen. Die Erfüllung der mit dem Vorkaufsrecht bezweckten Verwendung des Grundstücks durch den Dritten kann durch einen städtebaulichen Vertrag (mit Rückübertragungsoption an die Gemeinde bei Nichterfüllung) sichergestellt werden.

3. Kein Vorkaufsrecht für Eigentumswohnungen (§§ 24 Abs. 2, 25 Abs. 2 BauGB)

Die Ausübung des gemeindlichen Vorkaufsrechts ist beim Kauf von Rechten nach dem Wohnungseigentumsgesetz (WEG) ausgeschlossen. Hierdurch wird es den Gemeinden gerade bei den häufig vorkommenden Fällen, in denen sich verwahrloste Immobilien nicht im Eigentum einer einzelnen (juristischen oder natürlichen) Person befinden, sondern von einer Vielzahl von Eigentümern getragen werden, nahezu unmöglich gemacht, die Verfügung über die Immobilie insgesamt zu erlangen.

Änderungsvorschlag:
Zumindest beim besonderen Vorkaufsrecht (§ 25 BauGB) sollte durch Streichung des Verweises auf § 24 Abs. 2 auch unter bestimmten Voraussetzungen ein Vorkaufsrecht für Eigentumswohnungen ermöglicht werden. Durch die Beschränkung auf das besondere Vorkaufsrecht ist auch sichergestellt, dass die Gemeinden durch den Kauf von Rechten nach dem WEG nicht sachfremde Aufgaben übernehmen wollen, sondern der Ausübung des Vorkaufsrechts ein städtebauliches Konzept zugrunde liegt, zu dessen Umsetzung als „Baustein" der Erwerb von Rechten nach dem WEG im konkreten Fall erforderlich ist. Im Übrigen gilt auch hier, dass das Vorkaufsrecht nur ausgeübt werden darf, wenn das Wohl der Allgemeinheit dies rechtfertigt.

IV. Anhang: Gesetzliche Bestimmungen (Auszug)

A. Baugesetzbuch

§ 24 Allgemeines Vorkaufsrecht
(1) Der Gemeinde steht ein Vorkaufsrecht zu beim Kauf von Grundstücken
   1. im Geltungsbereich eines Bebauungsplans, soweit es sich um Flächen handelt, für die nach dem Bebauungsplan eine Nutzung für öffentliche Zwecke oder für Flächen oder Maßnahmen zum Ausgleich im Sinne des § 1a Abs. 3 festgesetzt ist,
   2. in einem Umlegungsgebiet,
   3. in einem förmlich festgelegten Sanierungsgebiet und städtebaulichen Entwicklungsbereich,
   4. im Geltungsbereich einer Satzung zur Sicherung von Durchführungsmaßnahmen des Stadtumbaus und einer Erhaltungssatzung,
   5. im Geltungsbereich eines Flächennutzungsplans, soweit es sich um unbebaute Flächen im Außenbereich handelt, für die nach dem Flächennutzungsplan eine Nutzung als Wohnbaufläche oder Wohngebiet dargestellt ist,

6. in Gebieten, die nach § 30, 33 oder 34 Abs. 2 vorwiegend mit Wohngebäuden bebaut werden können, soweit die Grundstücke unbebaut sind, sowie
7. in Gebieten, die zum Zweck des vorbeugenden Hochwasserschutzes von Bebauung freizuhalten sind, insbesondere in Überschwemmungsgebieten.

Im Falle der Nummer 1 kann das Vorkaufsrecht bereits nach Beginn der öffentlichen Auslegung ausgeübt werden, wenn die Gemeinde einen Beschluss gefasst hat, einen Bebauungsplan aufzustellen, zu ändern oder zu ergänzen. Im Falle der Nummer 5 kann das Vorkaufsrecht bereits ausgeübt werden, wenn die Gemeinde einen Beschluss gefasst und ortsüblich bekannt gemacht hat, einen Flächennutzungsplan aufzustellen, zu ändern oder zu ergänzen und wenn nach dem Stand der Planungsarbeiten anzunehmen ist, dass der künftige Flächennutzungsplan eine solche Nutzung darstellen wird.

(2) Das Vorkaufsrecht steht der Gemeinde nicht zu beim Kauf von Rechten nach dem Wohnungseigentumsgesetz und von Erbbaurechten.

(3) Das Vorkaufsrecht darf nur ausgeübt werden, wenn das Wohl der Allgemeinheit dies rechtfertigt. Bei der Ausübung des Vorkaufsrechts hat die Gemeinde den Verwendungszweck des Grundstücks anzugeben.

§ 25 Besonderes Vorkaufsrecht

(1) Die Gemeinde kann

1. im Geltungsbereich eines Bebauungsplans durch Satzung ihr Vorkaufsrecht an unbebauten Grundstücken begründen;
2. in Gebieten, in denen sie städtebauliche Maßnahmen in Betracht zieht, zur Sicherung einer geordneten städtebaulichen Entwicklung durch Satzung Flächen bezeichnen, an denen ihr ein Vorkaufsrecht an den Grundstücken zusteht.

Auf die Satzung ist § 16 Abs. 2 entsprechend anzuwenden.

(2) § 24 Abs. 2 und 3 Satz 1 ist anzuwenden. Der Verwendungszweck des Grundstücks ist anzugeben, soweit das bereits zum Zeitpunkt der Ausübung des Vorkaufsrechts möglich ist.

§ 27a Ausübung des Vorkaufsrechts zugunsten Dritter

(1) Die Gemeinde kann

1. das ihr zustehende Vorkaufsrecht zugunsten eines Dritten ausüben, wenn das im Wege der Ausübung des Vorkaufsrechts zu erwerbende

Grundstück für Zwecke der sozialen Wohnraumförderung oder die Wohnbebauung für Personengruppen mit besonderem Wohnbedarf genutzt werden soll und der Dritte in der Lage ist, das Grundstück binnen angemessener Frist dementsprechend zu bebauen, und sich hierzu verpflichtet, oder

2. das ihr nach § 24 Abs. 1 Satz 1 Nr. 1 zustehende Vorkaufsrecht zugunsten eines öffentlichen Bedarfs- oder Erschließungsträgers sowie das ihr nach § 24 Abs. 1 Satz 1 Nr. 3 zustehende Vorkaufsrecht zugunsten eines Sanierungs- oder Entwicklungsträgers ausüben, wenn der Träger einverstanden ist.

In den Fällen der Nummer 1 hat die Gemeinde bei der Ausübung des Vorkaufsrechts zugunsten eines Dritten die Frist, in der das Grundstück für den vorgesehenen Zweck zu verwenden ist, zu bezeichnen.

(2) Mit der Ausübung des Vorkaufsrechts kommt der Kaufvertrag zwischen dem Begünstigten und dem Verkäufer zustande. Die Gemeinde haftet für die Verpflichtung aus dem Kaufvertrag neben dem Begünstigten als Gesamtschuldnerin.

(3) Für den von dem Begünstigten zu zahlenden Betrag und das Verfahren gilt § 28 Abs. 2 bis 4 entsprechend. Kommt der Begünstigte seiner Verpflichtung nach Absatz 1 Satz 1 Nr. 1 und Satz 2 nicht nach, soll die Gemeinde in entsprechender Anwendung des § 102 die Übertragung des Grundstücks zu ihren Gunsten oder zugunsten eines Bauwilligen verlangen, der dazu in der Lage ist und sich verpflichtet, die Baumaßnahmen innerhalb angemessener Frist durchzuführen. Für die Entschädigung und das Verfahren gelten die Vorschriften des Fünften Teils über die Rückenteignung entsprechend. Die Haftung der Gemeinde nach § 28 Abs. 3 Satz 7 bleibt unberührt.

§ 175 Allgemeines

(1) Beabsichtigt die Gemeinde, ein Baugebot (§ 176), ein Modernisierungs- oder Instandsetzungsgebot (§ 177), ein Pflanzgebot (§ 178) oder ein Rückbau- oder Entsiegelungsgebot (§ 179) zu erlassen, soll sie die Maßnahme vorher mit den Betroffenen erörtern. Die Gemeinde soll die Eigentümer, Mieter, Pächter und sonstigen Nutzungsberechtigten im Rahmen ihrer Möglichkeiten beraten, wie die Maßnahme durchgeführt werden kann und welche Finanzierungsmöglichkeiten aus öffentlichen Kassen bestehen.

(2) Die Anordnung von Maßnahmen nach den §§ 176 bis 179 setzt voraus, dass die alsbaldige Durchführung der Maßnahmen aus städtebaulichen Gründen

erforderlich ist; bei Anordnung eines Baugebots nach § 176 kann dabei auch ein dringender Wohnbedarf der Bevölkerung berücksichtigt werden.

(3) Mieter, Pächter und sonstige Nutzungsberechtigte haben die Durchführung der Maßnahmen nach den §§ 176 bis 179 zu dulden.

(4) Die §§ 176 bis 179 sind nicht auf Grundstücke anzuwenden, die den in § 26 Nr. 2 bezeichneten Zwecken dienen, und auf die in § 26 Nr. 3 bezeichneten Grundstücke. Liegen für diese Grundstücke die Voraussetzungen für die Anordnung eines Gebots nach den §§ 176 bis 179 vor, soll auf Verlangen der Gemeinde der Bedarfsträger die entsprechenden Maßnahmen durchführen oder ihre Durchführung dulden, soweit dadurch nicht die Erfüllung seiner Aufgaben beeinträchtigt wird.

(5) Die landesrechtlichen Vorschriften, insbesondere über den Schutz und die Erhaltung von Denkmälern, bleiben unberührt.

§ 177 Modernisierungs- und Instandsetzungsgebot

(1) Weist eine bauliche Anlage nach ihrer inneren oder äußeren Beschaffenheit Missstände oder Mängel auf, deren Beseitigung oder Behebung durch Modernisierung oder Instandsetzung möglich ist, kann die Gemeinde die Beseitigung der Missstände durch ein Modernisierungsgebot und die Behebung der Mängel durch ein Instandsetzungsgebot anordnen. Zur Beseitigung der Missstände und zur Behebung der Mängel ist der Eigentümer der baulichen Anlage verpflichtet. In dem Bescheid, durch den die Modernisierung oder Instandsetzung angeordnet wird, sind die zu beseitigenden Missstände oder zu behebenden Mängel zu bezeichnen und eine angemessene Frist für die Durchführung der erforderlichen Maßnahmen zu bestimmen.

(2) Missstände liegen insbesondere vor, wenn die bauliche Anlage nicht den allgemeinen Anforderungen an gesunde Wohn- und Arbeitsverhältnisse entspricht.

(3) Mängel liegen insbesondere vor, wenn durch Abnutzung, Alterung, Witterungseinflüsse oder Einwirkungen Dritter

1. die bestimmungsgemäße Nutzung der baulichen Anlage nicht nur unerheblich beeinträchtigt wird,
2. die bauliche Anlage nach ihrer äußeren Beschaffenheit das Straßen- oder Ortsbild nicht nur unerheblich beeinträchtigt oder
3. die bauliche Anlage erneuerungsbedürftig ist und wegen ihrer städtebaulichen, insbesondere geschichtlichen oder künstlerischen Bedeutung erhalten bleiben soll.

Kann die Behebung der Mängel einer baulichen Anlage nach landesrechtlichen Vorschriften auch aus Gründen des Schutzes und der Erhaltung von Baudenkmälern verlangt werden, darf das Instandsetzungsgebot nur mit Zustimmung der zuständigen Landesbehörde erlassen werden. In dem Bescheid über den Erlass des Instandsetzungsgebots sind die auch aus Gründen des Denkmalschutzes gebotenen Instandsetzungsmaßnahmen besonders zu bezeichnen.

(4) Der Eigentümer hat die Kosten der von der Gemeinde angeordneten Maßnahmen insoweit zu tragen, als er sie durch eigene oder fremde Mittel decken und die sich daraus ergebenden Kapitalkosten sowie die zusätzlich entstehenden Bewirtschaftungskosten aus Erträgen der baulichen Anlage aufbringen kann. Sind dem Eigentümer Kosten entstanden, die er nicht zu tragen hat, hat die Gemeinde sie ihm zu erstatten, soweit nicht eine andere Stelle einen Zuschuss zu ihrer Deckung gewährt. Dies gilt nicht, wenn der Eigentümer auf Grund anderer Rechtsvorschriften verpflichtet ist, die Kosten selbst zu tragen, oder wenn er Instandsetzungen unterlassen hat und nicht nachweisen kann, dass ihre Vornahme wirtschaftlich unvertretbar oder ihm nicht zuzumuten war. Die Gemeinde kann mit dem Eigentümer den Kostenerstattungsbetrag unter Verzicht auf eine Berechnung im Einzelfall als Pauschale in Höhe eines bestimmten Vomhundertsatzes der Modernisierungs- oder Instandsetzungskosten vereinbaren.

(5) Der vom Eigentümer zu tragende Kostenanteil wird nach der Durchführung der Modernisierungs- oder Instandsetzungsmaßnahmen unter Berücksichtigung der Erträge ermittelt, die für die modernisierte oder instandgesetzte bauliche Anlage bei ordentlicher Bewirtschaftung nachhaltig erzielt werden können; dabei sind die mit einem Bebauungsplan, einem Sozialplan, einer städtebaulichen Sanierungsmaßnahme oder einer sonstigen städtebaulichen Maßnahme verfolgten Ziele und Zwecke zu berücksichtigen.

§ 179 Rückbau- und Entsiegelungsgebot

(1) Die Gemeinde kann den Eigentümer verpflichten zu dulden, dass eine bauliche Anlage im Geltungsbereich eines Bebauungsplans ganz oder teilweise beseitigt wird, wenn sie

1. den Festsetzungen des Bebauungsplans nicht entspricht und ihnen nicht angepasst werden kann oder
2. Missstände oder Mängel im Sinne des § 177 Abs. 2 und 3 Satz 1 aufweist, die auch durch eine Modernisierung oder Instandsetzung nicht behoben werden können.

Satz 1 Nr. 1 gilt entsprechend für die sonstige Wiedernutzbarmachung von dauerhaft nicht mehr genutzten Flächen, bei denen der durch Bebauung oder Versiegelung beeinträchtigte Boden in seiner Leistungsfähigkeit erhalten oder wiederhergestellt werden soll; die sonstige Wiedernutzbarmachung steht der Beseitigung nach Satz 1 gleich. Diejenigen, für die ein Recht an dem Grundstück oder an einem das Grundstück belastenden Recht im Grundbuch eingetragen oder durch Eintragung gesichert ist, das nicht zur Nutzung berechtigt, sollen von dem Bescheid benachrichtigt werden, wenn sie von der Beseitigung betroffen werden. Unberührt bleibt das Recht des Eigentümers, die Beseitigung selbst vorzunehmen.

(2) Der Bescheid darf bei Wohnraum nur vollzogen werden, wenn im Zeitpunkt der Beseitigung angemessener Ersatzwohnraum für die Bewohner unter zumutbaren Bedingungen zur Verfügung steht. Strebt der Inhaber von Raum, der überwiegend gewerblichen oder beruflichen Zwecken dient (Geschäftsraum), eine anderweitige Unterbringung an, soll der Bescheid nur vollzogen werden, wenn im Zeitpunkt der Beseitigung anderer geeigneter Geschäftsraum unter zumutbaren Bedingungen zur Verfügung steht.

(3) Entstehen dem Eigentümer, Mieter, Pächter oder sonstigen Nutzungsberechtigten durch die Beseitigung Vermögensnachteile, hat die Gemeinde angemessene Entschädigung in Geld zu leisten. Der Eigentümer kann an Stelle der Entschädigung nach Satz 1 von der Gemeinde die Übernahme des Grundstücks verlangen, wenn es ihm mit Rücksicht auf das Rückbau- oder Entsiegelungsgebot wirtschaftlich nicht mehr zuzumuten ist, das Grundstück zu behalten. § 43 Abs. 1, 2, 4 und 5 sowie § 44 Abs. 3 und 4 sind entsprechend anzuwenden.

B. Bauordnungsrecht

Bremische Landesbauordnung

§ 79 Beseitigung von Anlagen, Nutzungsuntersagung

(1) Werden Anlagen im Widerspruch zu öffentlich-rechtlichen Vorschriften errichtet oder geändert, kann die Bauaufsichtsbehörde die teilweise oder vollständige Beseitigung der Anlagen anordnen, wenn nicht auf andere Weise rechtmäßige Zustände hergestellt werden können. Werden Anlagen im Widerspruch zu öffentlich-rechtlichen Vorschriften genutzt, kann diese Nutzung untersagt werden.

(2) Soweit bauliche Anlagen nicht genutzt werden und im Verfall begriffen sind, kann die Bauaufsichtsbehörde den Abbruch oder die Beseitigung anordnen, es sei denn, dass ein öffentliches oder schutzwürdiges privates Interesse an ihrer Erhaltung besteht.
(3) Die Bauaufsichtsbehörde kann verlangen, dass ein erforderliches Verfahren durchgeführt wird oder Bauvorlagen nach § 68 Abs. 2 oder § 62 Abs. 3 eingereicht werden.

Landesbauordnung Rheinland Pfalz
§ 81 Beseitigungsanordnung und Benutzungsuntersagung
Verstoßen bauliche Anlagen oder andere Anlagen und Einrichtungen im Sinne des § 1 Abs. 1 Satz 2 gegen baurechtliche oder sonstige öffentlich-rechtliche Vorschriften über die Errichtung, die Änderung, die Instandhaltung oder die Nutzungsänderung dieser Anlagen, so kann die Bauaufsichtsbehörde deren teilweise oder vollständige Beseitigung auf Kosten der nach § 54 verantwortlichen Personen anordnen oder die Benutzung der Anlagen untersagen, wenn nicht auf andere Weise rechtmäßige Zustände hergestellt werden können. Die Bauaufsichtsbehörde kann verlangen, dass ein Bauantrag gestellt wird. Beseitigungsanordnung und Benutzungsuntersagung gelten auch gegenüber den Rechtsnachfolgenden.

§ 82 Abbruch verfallender baulicher Anlagen
Soweit bauliche Anlagen nicht genutzt werden und im Verfall begriffen sind, kann die Bauaufsichtsbehörde die nach § 54 Abs. 2 verantwortlichen Personen verpflichten, die Anlage abzubrechen oder zu beseitigen; die Bestimmungen des Denkmalschutzgesetzes bleiben unberührt. Für die Grundstücke gilt § 10 Abs. 4 entsprechend.

Hamburgische Bauordnung
§ 76 Herstellung ordnungsgemäßer Zustände
(1) Werden Anlagen im Widerspruch zu öffentlich-rechtlichen Vorschriften errichtet oder geändert, so kann die Bauaufsichtsbehörde die teilweise oder vollständige Beseitigung der Anlage anordnen, wenn nicht auf andere Weise rechtmäßige Zustände hergestellt werden können. Werden Anlagen im Widerspruch zu öffentlich-rechtlichen Vorschriften genutzt, so kann diese Nutzung untersagt werden.

(2) Die Bauaufsichtsbehörde kann anordnen, dass

1. verwahrloste oder durch Beschriftung und Bemalung verunstaltete Bau- und Werbeanlagen oder Teile von ihnen ganz oder teilweise in Stand gesetzt werden, dass ihr Anstrich erneuert oder dass die Fassade gereinigt wird; ist eine Instandsetzung nicht möglich, so kann die Bauaufsichtsbehörde die Beseitigung der Anlage verlangen,
2. Grundstücke aufgeräumt oder ordnungsgemäß hergerichtet werden oder dass endgültig nicht mehr genutzte Anlagen beseitigt oder dauerhaft gesichert werden,
3. Sachen, insbesondere Fahrzeuge, Schutt und Gerümpel, auf unbebauten Grundstücken und Grundstücksteilen nicht oder nur unter bestimmten Vorkehrungen aufgestellt oder gelagert werden.

(3) Die Bauaufsichtsbehörde kann verlangen, dass bestehende bauliche Anlagen den Anforderungen dieses Gesetzes oder den auf Grund dieses Gesetzes erlassenen Vorschriften angepasst werden, soweit dies wegen einer Gefährdung der Sicherheit oder Gesundheit notwendig ist. Dies gilt auch für die Herstellung von Folgeeinrichtungen auf den Grundstücken, wie Kinderspielplätze, Standplätze für Abfall- und Wertstoffbehälter sowie Stellplätze für Kraftfahrzeuge und Fahrradplätze, wenn geeignete Flächen verfügbar sind. Bei wesentlicher Änderung baulicher Anlagen kann gefordert werden, dass auch die von der Änderung nicht berührten Teile der baulichen Anlage an die Anforderungen dieses Gesetzes oder der auf Grund dieses Gesetzes erlassenen Vorschriften angepasst werden, wenn dies keine unzumutbaren Mehrkosten verursacht.

(4) Werden durch Veränderung der Grenzen bebauter Grundstücke Verhältnisse geschaffen, die öffentlich-rechtlichen Vorschriften zuwiderlaufen, so kann die Bauaufsichtsbehörde verlangen, dass ein rechtmäßiger Zustand hergestellt wird.

Das neue Raumordnungsgesetz unter besonderer Berücksichtigung der Vorgaben für die Innenentwicklung und die Nutzung von erneuerbaren Energien

*Dr. Peter Runkel**

* Dr. Peter Runkel, Ministerialdirektor a.D., ist Direktor des ifs – Institut für Städtebau, Wohnungswirtschaft und Bausparwesen e.V, Berlin.

3. Steuerung raumbedeutsamer Vorhaben Privater zur Erzeugung erneuerbarer Energien im Außenbereich
4. Die räumlichen Erfordernisse für eine kostengünstige, sichere und umweltverträgliche Energieversorgung einschließlich des Ausbaus von Energienetzen
5. Schlussfolgerungen und Thesen

I. Das neue ROG und die Ergänzungen und Abweichungen durch neues Landesrecht: drei Beispiele

Die Föderalismusreform I von 2006 hat nicht nur die bisherige Rahmengesetzgebung nach Art. 75 GG abgeschafft, sondern der konkurrierenden Gesetzgebung nach Art. 74 GG auch den Typ der Abweichungsgesetzgebung nach Art. 72 Abs. 3 hinzugefügt. Raumordnung gehört seitdem – ohne dass wir wissen, was genau darunter zu verstehen ist (wie bisher Raumordnung in den Ländern oder umfassend Raumordnung in Bund und Ländern)[1] – zur konkurrierenden Gesetzgebung nach Art. 74 Abs. 1 Nr. 31 GG, von der die Länder abweichende Regelungen nach Art. 72 Abs. 3 GG treffen können.[2] Der Meinungsstreit in der Literatur darüber, ob es im Bereich des Kompetenztitels Raumordnung Bereiche gibt, zu denen die Länder keine abweichenden Regelungen treffen dürfen, besteht fort,[3] obwohl das Grundgesetz im Gegensatz zu anderen Kompetenztiteln bei der Raumordnung solche Bereiche nicht benennt. Dieser Meinungsstreit hängt u. a. von der bereits angesprochenen Frage ab, ob Raumordnung in Art. 74 Abs. 1 GG dasselbe meint wie in Art. 72 Abs. 3 GG oder unterschiedliche Bedeutung hat – ein Meinungsstreit, der nur historisch aus den Ursprüngen dieses Bereichs in der Rahmengesetzgebung zu verstehen ist.[4]

1. Ergänzendes oder abweichendes Landesrecht

Nachdem der Bund mit dem neuen Raumordnungsgesetz von der konkurrierenden Gesetzgebung Gebrauch gemacht hat, haben die Länder nun zwei unter-

1 Vgl. Runkel, in: Spannowsky/Runkel/Goppel, Komm zum ROG, § 1 Rn. 10.

2 Vgl. Runkel, in: Spannowsky/Runkel/Goppel, Komm. zum ROG, § 1 Rn. 5 ff.

3 Vgl. Spannowsky, ZfBR 2007, 221; ders., UPR 2007, 41; Battis/Kerten, DVBl. 2007, 152; Kment, NuR 2006, 217.

4 Wie Fn. 1.

schiedliche Optionen für ihr Landesplanungsrecht. Sie können zum ROG ergänzendes Landesrecht nach Art. 72 Abs. 1 GG erlassen oder sie können nach Art. 72 Abs. 3 GG vom ROG abweichende Regelungen treffen. Das neue ROG zielt nach seiner Entstehung und seinem Regelungsgehalt auf ergänzendes Landesrecht nach Art. 72 Abs. 1 GG, weil es nur Teile der Gesamtmaterie regelt und andere Bereiche, wie z. B. die Organisation der Landes- und Regionalplanung, landesrechtlichen Regelungen überlässt.[5] Auch Streitfragen hat das neue ROG eher den Ländern zur Regelung überlassen, als selbst Regelungen zu treffen in der Gewissheit, dass einige Länder davon abweichen werden. Ein Beispiel ist die Zielabweichung nach § 6 Abs. 2 ROG. Der Bund regelt nur die materiellen Voraussetzungen und den Kreis der Antragsteller, nicht aber das Verfahren, weil streitig ist, ob die Zielabweichung der Konzentrationswirkung einer Planfeststellung zugänglich sein soll oder stets eines eigenständigen Verfahrens in der Sachherrschaft der für Raumordnung zuständigen Stellen bedarf.[6]

Die Regel, welches Recht künftig in jedem einzelnen Land gelten soll, findet sich in Art. 72 Abs. 3 Satz 3 GG: Bei abweichenden Regelungen geht im Verhältnis von Bundes- und Landesrecht das jeweils spätere Gesetz vor. Wir haben also künftig zwei Fallgestaltungen zu unterscheiden: erst Landesplanungsgesetz und dann Raumordnungsgesetz oder erst Raumordnungsgesetz und dann Landesplanungsgesetz. In den meisten Ländern gilt zurzeit der Fall 1.[7] Aber drei Länder haben nach Verabschiedung des ROG neues Landesrecht erlassen.

2. Das Gesetz zur Raumordnung und Landesplanung des Freistaates Sachsen vom 11.6.2010 (GVBl. S. 174)

Was die Sachsen gemacht haben, ist ganz im Sinne der gemeinsamen Arbeiten am ROG in der Ministerkonferenz für Raumordnung. § 1 Abs. 1 SächsLPlG lautet: „Dieses Gesetz regelt Ergänzungen zum Raumordnungsgesetz (ROG) ... für die Raumordnung in Sachsen“. Aber hält das Gesetz auch das, was es verspricht? Betrachten wir z. B. § 2 Abs. 1 SächsLPlG, der lautet: „Festlegungen in Raumordnungsplänen können mit Bedingungen oder Befristungen versehen werden. Wenn durch Ziele der Raumordnung für ein bestimmtes Gebiet verschiedene Nutzungen oder Funktionen vorgesehen werden, die miteinander in Konflikt

5 Vgl. Runkel, in: Bielenberg/Runkel/Spannowsky, Raumordnungs- und Landesplanungsrecht des Bundes und der Länder L vor §§ 1 – 29 Rn. 4 ff.

6 Vgl. aber § 21 Satz 2 ROG für Zielabweichungen von Raumordnungsplänen des Bundes.

7 Dabei ist die Überleitungsvorschrift des § 28 Abs. 3 ROG zu beachten.

geraten können, ist für diesen Fall die Rangfolge der Festlegungen zu bestimmen. Die Festlegung von Eignungsgebieten darf nur in Verbindung mit der Festlegung von Vorranggebieten zugunsten der betreffenden Nutzung erfolgen."

Zunächst zu Satz 1 der Vorschrift, die eine ganze Reihe von Fragen aufwirft. Zunächst steht für das Raumplanungsrecht mit der Einführung des § 9 Abs. 2 BauGB[8] fest, dass grundsätzlich Befristungen – „Baurecht auf Zeit" – und Bedingungen zulässig sind.[9] Die Anwendungsmöglichkeiten im Bauplanungsrecht sind aber auf „besondere Fälle" beschränkt, während das sächsische Landesplanungsgesetz solche Einschränkungen nicht enthält. Die nächste Frage ist, ob § 3 Abs. 1 Nr. 2 ROG für Ziele der Raumordnung eine abschließende Regelung enthält, die also aus Sicht des Bundesgesetzgebers nicht nach Art. 72 Abs. 1 GG ergänzbar ist und von der allenfalls nach Art. 72 Abs. 3 GG abgewichen werden kann, was wiederum der sächsische Landesgesetzgeber gerade nicht wollte. Anders wäre der Sachverhalt zu beurteilen, wenn es sich bei Satz 1 nur um eine Klarstellung oder Konkretisierung von § 3 Abs. 1 Nr. 2 ROG handeln würde. Das halte ich in engen Grenzen für durchaus denkbar. Ist z. B. absehbar, dass ein Vorranggebiet für bodennahe Rohstoffe nach fünf Jahren weiteren Abbaus in seinen Potenzialen erschöpft ist, kann dieser Vorrang entsprechend befristet und eine Anschlussfunktion oder -nutzung festgelegt werden. Auf keinen Fall darf aber die Bestimmbarkeit der Festlegung durch Bedingungen infrage gestellt werden. Dies wäre z. B. dann der Fall, wenn die Ausnahme von einer Festlegung mit Zielqualität von der Zustimmung der für die Raumplanung zuständigen Stelle abhängig gemacht würde.

§ 2 Abs. 1 Satz 2 SächsLPlG gibt eine Antwort auf die Frage, wie mit Festlegungen mit Zielqualität umzugehen ist, die untereinander nicht widerspruchsfrei sind. Insoweit wiederholt Satz 2 die von Rechtsprechung und Literatur gegebene Antwort, dass für Konfliktfälle die Rangfolge der Festlegungen zu bestimmen ist.[10]

Dagegen nimmt § 2 Abs. 1 Satz 3 SächsLPlG den Trägern der Raumordnungsplanung in Sachsen die Möglichkeit des § 8 Abs. 7 Satz 1 Nr. 3 ROG, Eignungsgebiete festzulegen. Da aber die Möglichkeit des § 8 Abs. 7 Satz 2 ROG bestehen bleibt, Vorranggebiete mit der Wirkung von Eignungsgebieten festzulegen, hält sich diese Regelung wohl noch in den Grenzen der ergänzenden Gesetzgebung.

8 Eingeführt durch das EAG-Bau vom 24.6.2004 (BGBl. I S. 1359).

9 Vgl. Löhr, in: Battis/Krautzberger/Löhr, Komm. zum BauGB, § 9 Rn. 98 f.

10 Vgl. Rh-Pf. OVG, NVwZRR 1992, 463; Runkel, in: Bielenberg/Runkel/Spannowsky RuL K, § 4 Rn. 68.

3. Das Landesplanungsgesetz Nordrhein-Westfalen in der Fassung der Bekanntmachung vom 3.5.2005, zuletzt geändert durch Art. 1 des Gesetzes vom 16.3.2010 (GV NRW S. 212)

Das ursprüngliche Landesplanungsgesetz von Nordrhein-Westfalen ist vor dem neuen ROG erlassen, danach aber umfangreich geändert worden. Die Regelung des Art. 72 Abs. 3 Satz 3 GG, was künftig gelten soll, erlaubt für diese Fälle grundsätzlich zwei Auslegungen. Eine engere Auslegung, die bei jeder Einzelvorschrift des Landesrechts darauf abstellt, wann sie entstanden ist, oder eine großzügigere Auslegung, die nach einer umfangreichen Änderung das ganze Landesplanungsgesetz zum späteren Gesetz erklärt. Ich tendiere zur großzügigeren Variante zumindest dann, wenn der Landesgesetzgeber – wie beim Landesplanungsgesetz NRW – das Änderungsgesetz mit dem Willen erlassen hat, das alte Landesplanungsgesetz dem neuen ROG anzupassen.[11] Damit ist aber noch nicht die Frage beantwortet, inwieweit das Landesplanungsgesetz NRW ergänzendes oder abweichendes Landesrecht enthält. Da sich das Landesgesetz nicht selber erklärt, sondern den Anwender im Dunklen lässt, muss diese Frage für jede Vorschrift einzeln beantwortet werden. Dies gilt auch dann, wenn in der Begründung zum Gesetzentwurf zum Ausdruck gebracht wird, man wolle nur ergänzendes Landesrecht erlassen. Entscheidend ist aber auf den objektiven Regelungsgehalt der Vorschriften abzustellen. Erst in diesem Rahmen kann auch der gesetzgeberische Wille einbezogen werden.

Dafür ein Beispiel: § 18 Abs. 1 Satz 1 LPlG NRW lautet: „Die Regionalpläne legen auf der Grundlage des Landesentwicklungsprogramms und des Landesentwicklungsplanes die regionalen Ziele der Raumordnung für alle raumbedeutsamen Planungen und Maßnahmen im Planungsgebiet fest." Handelt es sich dabei um eine Ergänzung oder Abweichung zum ROG? Das wird nur durch einen eingehenden Vergleich zwischen beiden Gesetzen deutlich.

§ 7 Abs. 1 ROG bestimmt, dass in Raumordnungsplänen Festlegungen als Ziele und Grundsätze der Raumordnung zu treffen sind.[12] § 18 Abs. 1 Satz 1 LPlG NRW verkürzt dies für die Regionalplanung auf Ziele der Raumordnung, während § 17 Abs. 1 LPlG NRW für den Landesentwicklungsplan Festlegungen als Ziele und Grundsätze zulässt. § 2 Abs. 1 ROG stellt die Konkretisierungspflicht der gesetzlichen Grundsätze der Raumordnung durch Festlegungen in Raumordnungsplänen ferner unter das Gebot der Erforderlichkeit als Teil des

11 Vgl. Runkel, in: Bielenberg/Runkel/Spannowsky RuL L, § 2 Rn. 280 ff.

12 Vgl. Runkel, in: Spannowsky/Runkel/Goppel Komm. zum ROG, § 7 Rn. 10 ff.

verfassungsrechtlichen Verhältnismäßigkeitsgebots. Dieses Erforderlichkeitsgebot zielt in zwei Richtungen: zum einen, ob zu einem gesetzlichen Grundsatz überhaupt eine planerische Konkretisierung als Eingriff in Rechtspositionen Dritter – wie der Gemeinden – erfolgt und zum anderen, ob diese Konkretisierung als Ziel oder planerischer Grundsatz vorgenommen wird.[13] Beides fehlt im Landesplanungsgesetz NRW, wenn dort bestimmt wird, dass für alle raumbedeutsamen Planungen und Maßnahmen im Planungsgebiet Ziele der Raumordnung festzulegen sind. Dabei stellt sich die zusätzliche Frage, ob der Landesgesetzgeber von verfassungsrechtlichen Prinzipien abweichen kann. Meine Antwort lautet: Der verfassungsrechtliche Erforderlichkeitsgrundsatz gilt in NRW auch ohne einfachgesetzliche Normierung. Die Abweichungsgesetzgebung der Länder stößt hier an verfassungsrechtliche Grenzen. Auch in Nordrhein-Westfalen gilt § 2 Abs. 1 ROG uneingeschränkt.

Was bedeutet schließlich „auf der Grundlage des Landesentwicklungsprogramms und des Landesentwicklungsplans"? Das LEPro NRW ist ein Gesetz und kein Plan, auch kein Plan durch Gesetz. Es enthält gesetzliche Grundsätze und sogenannte Allgemeine Ziele, was immer das rechtlich im Sinne des § 3 Abs. 1 ROG sein mag.[14] Die Bindungswirkungen für die Regionalplanung ergeben sich aus § 4 Abs. 1 ROG. Dasselbe gilt für die Festlegungen des Landesentwicklungsplans. Zusätzlich bestimmt § 8 Abs. 2 Satz 1 ROG, dass die Regionalpläne aus dem Raumordnungsplan für das Landesgebiet zu entwickeln sind. Sollte die landesrechtliche Vorschrift mit den Worten „auf der Grundlage von" daher bezwecken, die Festlegungsbereiche der Regionalplanung auf solche zu beschränken, die im LEPro oder im Landesentwicklungsplan enthalten sind, kann es sich um eine Abweichung von § 2 Abs. 1 ROG insofern handeln, als die bundesrechtlichen Grundsätze als Ermächtigung für planerische Festlegungen ausgeschlossen werden sollen. Die landesrechtliche Regelung, nach der in Regionalplänen auf der Grundlage des Landesentwicklungsprogramms und des Landesentwicklungsplans Festlegungen zu treffen sind, ist insgesamt aber wohl eher der Kategorie wiederholender Regelungen ohne klar erkennbare Abweichung zuzuordnen[15], da der Wille zur Abweichung vom Bundesrecht nicht objektiv klar erkennbar ist.

13 Vgl. Runkel, in: Bielenberg/Runkel/Spannowsky RuL L, § 2 Rn. 48.

14 Vgl. Runkel, in: Bielenberg/Runkel/Spannoswsky RuL L, § 2 Rn. 281 ff.

15 Vgl. Runkel, in: Spannowsky/Runkel/Goppel Komm. zum ROG, § 1 Rn. 25.

4. Saarländisches Landesplanungsgesetz vom 18.11.2010 (ABl I S. 2599)

Die Saarländer haben ergänzendes und abweichendes Landesrecht formuliert, bei den Abweichungen diese aber durch Zitierung der Vorschrift des ROG, von der abgewichen werden soll, auch konkret benannt. Dies gilt z.B. für die Leitvorstellung der nachhaltigen Raumentwicklung nach § 1 Abs. 2 ROG, die im Saarland zusätzlich zur Verwirklichung der Geschlechter- und Generationengerechtigkeit beitragen soll. Eine wirklich interessante Abweichung findet sich in § 3 Abs. 2 SLPG. Danach können zu den Festlegungsmöglichkeiten des § 8 Abs. 5 ROG abweichend von § 8 Abs. 7 ROG auch Ausschlussgebiete festgelegt werden. Dabei ist nichts dagegen einzuwenden, wenn ein Landesgesetzgeber bei einer positiven Nutzungszuweisung durch Festlegung von Vorranggebieten nicht den außergebietlichen Ausschluss der Nutzung in Form von Eignungsgebieten bewirken will, sondern durch Festlegung von einzelnen Ausschlussgebieten. Problematisch wird es dagegen, wenn den Ausschlussgebieten keine positiven Gebietszuweisungen in angemessenem Umfang gegenüberstehen. Es bleibt daher abzuwarten, inwieweit hiergegen Vorbehalte aus dem Gesichtspunkt einer unzulässigen Negativplanung erhoben werden.[16] Auch insoweit ist der Landesgesetzgeber bei abweichenden Regelungen in die Grundprinzipien der räumlichen Planung eingebunden.

Die Abweichung von § 12 Abs. 5 Satz 1 ROG durch § 4 Abs. 3 SLPG erscheint dagegen missglückt. Die Bundesregelung zur Planerhaltung besagt, dass bestimmte beachtliche Verletzungen oder Mängel unbeachtlich werden, wenn sie nicht innerhalb eines Jahres geltend gemacht worden sind, worauf hinzuweisen ist. Die saarländische Abweichensregelung dazu lautet: "Abweichend von § 12 Absatz 5 Satz 1 des Raumordnungsgesetzes setzt die Unbeachtlichkeit einer Verletzung der dort genannten Vorschriften ihre schriftliche Geltendmachung voraus". Entgegen dem Wortlaut soll offenbar die Beachtlichkeit der dort genannten Fehler von ihrer schriftlichen Geltendmachung innerhalb der Jahresfrist abhängig gemacht werden. Das wiederum ist keine Abweichung vom Bundesrecht, sondern eher eine Konkretisierung, weil sie die Geltendmachung an die Schriftform bindet.

16 Vgl. BverwG, ZfBR 2006, 468.

5. Schlussfolgerung

Ich komme zu meinen ersten Schlussfolgerungen oder Thesen zum Bereich ergänzendes oder abweichendes Landesrecht zum neuen ROG.

These 1: Ein Landesplanungsgesetz, das erklärt, nur ergänzende Regelungen zum ROG zu schaffen, ist in Zweifelsfällen entsprechend einengend auszulegen.

These 2: Landesplanerische Vorschriften, bei denen der Wille zur Abweichung nicht durch Zitierung der ROG-Vorschrift, von der abgewichen werden soll, deutlich gemacht wird, sind im Zweifelsfall im Sinne ergänzender Regelungen auszulegen.

These 3: Konkretisierungen zum ROG können je nach Sachverhalt Ergänzungen oder Abweichungen darstellen.

These 4: Die abweichenden Regelungen des Landesrechts müssen verfassungs- und europarechtskonform sein sowie die Grundprinzipien des Planungsrechts einhalten.

These 5: Abweichende Regelungen des Landesrechts im Bereich der Begriffsbestimmungen des § 3 Abs. 1 Nr. 1 bis 4 ROG haben keine Auswirkungen auf das Bundesrecht (vgl. § 3 Abs. 2 ROG).

II. Die Vorgaben des ROG für die Innenentwicklung

Das erste Fachthema meines Vortrages gilt den Vorgaben des neuen Raumordnungsgesetzes für die Innenentwicklung der Städte und Gemeinden. Das verwundert zunächst, weil Innenentwicklung eine ureigene Aufgabe der kommunalen Selbstverwaltung ist und aus vielen kleinteiligen Maßnahmen besteht, die für sich genommen nur selten raumbedeutsam sind. Wir müssen uns daher dem Thema behutsam nähern, um Missverständnisse zu vermeiden und um den ergänzenden Beitrag der Raumordnung zutreffend zu bestimmen.

1. Innenentwicklung als kommunale Aufgabe

Die Innenentwicklung der Städte und Gemeinden gehört zu den Angelegenheiten der örtlichen Gemeinschaft, die diese nach Art. 28 Abs. 2 GG im Rahmen der Gesetze in eigener Verantwortung regeln sollen. Das Baugesetzbuch bestimmt in § 1 Abs. 6 Nr. 4 als in der Bauleitplanung zu berücksichtigende Belange die Erhaltung, Erneuerung, Fortentwicklung, Anpassung und den Umbau vorhandener

Ortsteile sowie die Erhaltung und Entwicklung zentraler Versorgungsbereiche.[17] § 1a Abs. 2 Satz 1 BauGB legt fest: „Mit Grund und Boden ist sparsam und schonend umzugehen; dabei sind zur Verringerung der zusätzlichen Inanspruchnahme von Flächen für bauliche Nutzungen die Möglichkeiten der Entwicklung der Gemeinde insbesondere durch Wiedernutzbarmachung von Flächen, Nachverdichtung und andere Maßnahmen zur Innenentwicklung zu nutzen sowie Bodenversieglungen auf das notwendige Maß zu begrenzen."[18] Bei Befolgung dieser Belange – der Raumordner würde von gesetzlichen Grundsätzen sprechen – ist die Innenentwicklung bei den Städten und Gemeinden in guten Händen. Die Raumordnung sollte sich um die Außenentwicklung kümmern, also um den raumordnerischen Freiraum. Beide Entwicklungen hängen aber insoweit zusammen, als eine stürmische Außenentwicklung negative Auswirkungen auf die Innenentwicklung der Städte und Gemeinden haben kann. Hier kommt also die Raumordnung ins Spiel. Sie kann den Gemeinden bei der Innenentwicklung indirekt dadurch helfen, dass sie die Außenentwicklung steuert.

2. Voraussetzungen für verbindliche Vorgaben der Raumordnung für die kommunale Bauleitplanung

Voraussetzung für eine raumordnerische Festlegung mit Auswirkungen auf die kommunale Selbstverwaltung ist zunächst das verfassungsrechtliche Aufgabenverteilungsprinzip. § 1 Abs. 1 ROG umschreibt dies mit dem Wort „überörtlich" = Raumordnung, in Abgrenzung zu „örtlich" = kommunale Selbstverwaltung.[19] Beide Begriffe sind keine Gegensätze, die sich ausschließen, vielmehr stellt die überörtliche Bedeutung auf einen Bedeutungsüberschuss gegenüber der örtlichen Bedeutung ab. Was aber raumbedeutsame Planungen und Maßnahmen von überörtlicher Bedeutung sind, ist damit noch nicht gesagt, sondern im Einzelfall zu ermitteln. Vieles ist dabei historisch gewachsen. So ist die Steuerung innerhalb des besiedelten Bereichs eher den örtlichen Angelegenheiten zuzuordnen, während raumbedeutsame Planungen und Maßnahmen im Außenbereich oder im raumordnerischen Freiraum dagegen häufiger überörtlicher Natur sind. Konkret abzustellen ist auf die gesetzlichen Grundsätze der Raumordnung nach § 2 Abs. 2 ROG. Von Ihnen geht der Gesetzgeber aus, dass es sich grundsätzlich um überörtliche Aufgaben handelt, weil er in § 2 Abs. 1 ROG anordnet, dass

17 Vgl. Krautzberger, in: Battis/Krautzberger/Löhr Komm. zum BauGB, § 1 Rn. 60.

18 Vgl. Krautzberger, in: Battis/Krautzberger/Löhr Komm. zum BauGB, § 1a Rn. 2 ff.

19 Vgl. Runkel, in: Spannowsky/Runkel/Goppel Komm. zum ROG, § 1 Rn. 64 ff.

diese gesetzlichen Grundsätze durch Festlegungen in Raumordnungsplänen konkretisiert werden sollen.

Der Gesetzgeber stellt diese Konkretisierungspflicht aber unter das Gebot der Erforderlichkeit. Er verweist damit auf das verfassungsrechtliche Verhältnismäßigkeitsgebot mit seinen einzelnen Elementen, die nicht frei von Überschneidungen sind.[20] Erstes Element ist der Grundsatz der sachlichen Legitimation. Danach darf die Raumordnung nur aus sachlich gerechtfertigten, insbesondere überörtlichen Gründen in die Planungshoheit eingreifen. Auch hier helfen die gesetzlichen Grundsätze und deren Funktionszuweisung durch § 2 Abs. 1 ROG weiter. Sie legitimieren zu Festlegungen in Raumordnungsplänen auch gegenüber der kommunalen Planungshoheit.

Zweites Element ist die Geeignetheit. Danach muss die raumordnerische Festlegung geeignet sein, den angestrebten Zweck zu erreichen. Sie muss in irgendeiner Weise zweckförderlich sein. Einer Festlegung, die ins Leere geht, weil sie etwas anordnet, was öffentliche Stellen nicht beeinflussen können und für das es keine Bindungswirkungen vermittelnde Raumordnungsklausel gegenüber Privaten gibt, fehlt es an der Geeignetheit. Ein Beispiel ist die Festlegung des Verhältnisses von Wiesen- und Ackerland, das sich der staatlichen Steuerung entzieht.

Das dritte Element ist die in § 2 Abs. 1 ROG unmittelbar angesprochene Erforderlichkeit. Die Festlegung muss erforderlich sein, den angestrebten Zweck zu erreichen. Auch hinsichtlich der Art der Festlegung – Ziel oder planerischer Grundsatz – darf der Zweck nicht in gleichem Maße durch andere, weniger einschneidende Mittel erreicht werden können.

Das letzte Element bildet die Verhältnismäßigkeit im engeren Sinn. Danach muss eine Güterabwägung ergeben, dass der mit der raumordnerischen Festlegung insbesondere mit Zielqualität angestrebte Zweck in einem angemessenen Verhältnis zu den damit verbundenen Beschränkungen der kommunalen Planungshoheit steht.

Schließlich ist auch das verfassungsrechtliche Willkürverbot zu beachten, worauf der Verfassungsgerichtshof von Nordrhein-Westfalen jüngst bei einer raumordnerischen Festlegung zur Ansiedlung großflächiger Einzelhandelsbetriebe hingewiesen hat, die die Gemeinden generell in solche über und unter 100.000 Einwohner aufgeteilt hat.[21]

20 Vgl. zum Nachfolgenden Bunzel/Hanke, Grenzen der Regelungskompetenz der Raumordnungsplanung im Verhältnis zur kommunalen Planungshoheit, Wiesbaden 2011.

21 VerfGH NRW, NVwZ 2009, 1287.

3. Vorgaben zur Siedlungsentwicklung nach § 2 Abs. 2 Nr. 2 Satz 4 ROG

Wendet man diese allgemeinen Prinzipien auf Festlegungen in Raumordnungsplänen an, die indirekt zu einer Stärkung der Innenentwicklung beitragen, so fallen einem zunächst solche ein, die das Siedlungsflächenwachstum in den Freiraum hinein beschränken und der Abwanderung von Einwohnern in das Umland vorbeugen sollen. Lebendige Innenstädte oder Ortszentren setzten voraus, dass dort nicht nur Menschen arbeiten, sondern auch dort wohnen, sonst kann man mit Büro- und Geschäftsschluss – wie man so schön sagt – „die Bürgersteige hochklappen".

Eine sachliche Legitimation für eine entsprechende Festlegung bildet § 2 Abs. 2 Nr. 2 Satz 4 ROG. Danach ist die Siedlungstätigkeit räumlich zu konzentrieren. Sie ist vorrangig auf vorhandene Siedlungen mit ausreichender Infrastruktur und auf zentrale Orte auszurichten.[22] Eine entsprechende Festlegung wäre auch geeignet, zweckförderlich zu sein, weil die Gemeinden nach § 1 Abs. 4 BauGB ihre Bauleitplanung den Zielen der Raumordnung anzupassen haben.[23] Die Erforderlichkeit einer entsprechenden Festlegung hängt entscheidend von den regionalen Verhältnissen ab. In Wachstumsregionen wird es eher darum gehen, Siedlungsflächenwachstum räumlich im Sinne des Grundsatzes zu steuern. In Schrumpfungsregionen wird darauf abzustellen sein, das Siedlungsflächenwachstum auf das Erforderliche zu begrenzen. Spätestens bei der Verhältnismäßigkeit im engeren Sinn ist eine Güterabwägung auf Grundlage der konkreten regionalen Situation durchzuführen. In diesem Rahmen ist in die Prüfung einzubeziehen, ob und für welche Fälle Ausnahmen nach § 6 Abs. 1 in den Plan aufgenommen werden sollen.

Für Regionen mit stark abnehmender Bevölkerung halte ich es entgegen einzelnen OVG Entscheidungen[24] für zulässig, die Siedlungstätigkeit von Gemeinden ohne ausreichende Infrastruktur auf den „Eigenbedarf" zu beschränken. Dies gilt nach meiner Auffassung auch für einzelne Ortsteile von Flächengemeinden. In diesen Fällen kann es zulässig sein, das Siedlungsflächenwachstum auf den Hauptort und solche Ortsteile zu beschränken, die über ausreichende Infrastruktur verfügen. Im Einzelnen ist das eine Sachverhalts-, Abwägungs- und Begrün-

22 Vgl. Runkel, in: Bielenberg/Runkel/Spannowsky RuL L, § 2 Rn. 102 ff.

23 Vgl. Runkel, in: Ernst/Zinkahn/Bielenberg/Krautzberger Komm. zum BauGB, § 1 Rn. 64 ff.

24 Vgl. z.B. Bbg OVG, DVBl 2004, 256; NRW OVG, DVBl 2007, 323.

dungsfrage. Die bestgemeinte Festlegung kann vor Gericht notleidend werden, wenn sie gar nicht oder schlecht begründet ist.

4. Vorgaben für die gemeindliche Ansiedlungsplanung für großflächige Einzelhandelsbetriebe

Kommen wir damit zum zweiten Bereich, in dem durch raumordnerische Festlegungen indirekt die Innenentwicklung der Gemeinden gestärkt werden kann. Solche Festlegungen beziehen sich auf die zentralen Versorgungsbereiche in den Gemeinden, die durch die Ansiedlung großflächiger Einzelhandelsbetriebe „auf der grünen Wiese" gefährdet werden können.

Die sachliche Legitimation solcher Festlegungen kann sich aus § 2 Abs. 2 Nr. 3 Satz 3 ROG ergeben.[25] Danach sind die räumlichen Voraussetzungen für die Erhaltung der Innenstädte und örtlichen Zentren als zentrale Versorgungsbereiche zu schaffen. Danach geht es um die zentralen Versorgungsbereiche der Städte und Gemeinden, die aus Gründen der Strukturerhaltung und der Nahversorgung der Bevölkerung mit den Gütern des täglichen Bedarfs erhalten werden sollen. Die Raumordnung kann zu diesem kommunalen Ziel dadurch einen Beitrag leisten, als sie die gemeindliche Ansiedlungsplanung für neuen großflächigen Einzelhandel räumlich steuert.

Dies bedarf der Klarstellung in mehrerer Hinsicht. Die Raumordnungsplanung steuert zum Ersten nicht die Zulässigkeit großflächiger Einzelhandelsbetriebe, das ist dem Genehmigungs- oder Zulassungsverfahren vorbehalten. Der Raumordnung fehlt es insoweit am bodenrechtlichen Durchgriff.[26] Festlegungen in Raumordnungsplänen können nur die kommunale Bauleitplanung steuern und zwar auch in den Fällen, in denen diese die Zulässigkeitsgrundlage für großflächige Einzelhandelsbetriebe schafft. Zum Zweiten sind zentrale Versorgungsbereiche nicht nur solche, die die Gemeinden nach § 9 Abs. 2a BauGB durch Bebauungsplan festgesetzt hat. Prototyp zentraler Versorgungsbereiche sind solche faktischer Art.[27] Und Drittens ist den raumordnerischen Festlegungen regelmäßig eine bestimmte „Grobmaschigkeit" zu eigen. Sie können sich nur auf die Vermeidung von wesentlichen Beeinträchtigungen oder wesentlichen Überschreitungen beziehen.[28] Die Regelvermutung nach Geschossfläche des

25 Vgl. Runkel, in: Bielenberg/Runkel/Spannowsky RuL L, § 2 Rn. 139 ff.

26 BVerfGE 3, 407.

27 BVerwGE 129, 307; a. A. Reidt/Wahlhäuser, UPR 2008, 169.

28 NRW OVG, BauR 2010, 426; Spannowsky, ZfBR 2010, 429.

§ 11 Abs. 3 BauNVO bildet einen örtlichen und keinen überörtlichen Maßstab ab. Die Raumordnung sollte im Regelfall bei deutlich höheren Geschossflächenzahlen ansetzen. Festlegungen von Details bedürfen einer erhöhten Legitimation. Insofern halte ich raumordnerische Sortimentsfestlegungen regelmäßig für unzulässig.

Raumordnerische Festlegungen zur Steuerung der gemeindlichen Bauleitplanung für die Ansiedlung großflächiger Einzelhandelsbetriebe bedienen sich traditionell folgender Elemente:[29]

- dem Konzentrationsgebot; die planerischen Voraussetzungen für solche Betriebe sollen nur in Zentralen Orten (evtl. gestuft nach Größe der Einrichtungen) geschaffen werden.
- dem Kongruenzgebot; der Einzugsbereich des jeweiligen Betriebs soll den zentralörtlichen Verflechtungsbereich der Ansiedlungsgemeinde nicht wesentlich überschreiten.
- dem Beeinträchtigungsverbot; die Funktion benachbarter Zentraler Orte und ihre Verflechtungsbereiche sollen nicht wesentlich beeinträchtigt werden.
- dem städtebaulichen Integrationsgebot; der Mikrostandort in der Ansiedlungsgemeinde soll städtebaulich integriert sein, d. h. in einem bereits bestehenden zentralen Versorgungsbereich liegen.
- dem Gebot verbrauchernaher Versorgung; die Versorgung der nicht mobilen Bevölkerung mit Gütern des täglichen Bedarfs soll nicht wesentlich gefährdet werden.

Gegen diese Elemente entsprechender raumordnerischer Festlegungen sind dann keine Bedenken geltend zu machen, wenn sie neben den allgemeinen Anforderungen an Festlegungen zumindest hinreichend bestimmbar sind. Das gilt insbesondere für die Verflechtungsbereiche der Zentralen Orte.

5. Schlussfolgerungen und Thesen

Ich komme zu meinen Schlussfolgerungen und Thesen möglicher Vorgaben der Raumordnungsplanung für die Innenentwicklung der Städte und Gemeinden.

These 6: Die Innenentwicklung der Städte und Gemeinden ist eine kommunale Selbstverwaltungsaufgabe. Die Raumordnungsplanung kann die Innenentwicklung der Städte und Gemeinden dadurch unterstützen, dass sie die Sied-

29 Vgl. kritisch Kuschnerus, ZfBR 2010, 324.

lungsentwicklung im Umland einschränkt oder räumlich steuert und Vorgaben für die gemeindliche Bauleitplanung zur Ansiedlung großflächiger Einzelhandelsbetriebe trifft. Zu beachten ist dabei das verfassungsrechtliche Aufgabenverteilungsprinzip, das Verhältnismäßigkeitsgebot mit seinen verschiedenen Elementen und das Willkürverbot. Dies erfordert insbesondere eine sorgfältige Begründung entsprechender raumordnerischer Festlegungen.

These 7: In Regionen mit stark abnehmender Bevölkerung kann es zulässig sein, die Ausweisung neuer Siedlungsflächen in Gemeinden oder Ortsteilen auf den „Eigenbedarf" zu beschränken. Dabei kann hilfreich sein, Ausnahmen festzulegen (z.B. bei wesentlicher Zunahme örtlicher Arbeitsplätze oder für Fremdenverkehrsgemeinden) und in der Begründung auf die Möglichkeit der Zielabweichung hinzuweisen.

These 8: Die Vorgaben der Raumordnungsplanung für die gemeindliche Bauleitplanung zur Ansiedlung großflächiger Einzelhandelsbetriebe müssen der Aufgabe und Bedeutung der Raumordnung entsprechend „grobmaschig" sein. Sie können sich nur auf die Vermeidung wesentlicher Beeinträchtigungen oder wesentlicher Überschreitungen beziehen. Die auf eine bestimmte Geschossfläche abzielende Regelvermutung des § 11 Abs. 3 BauNVO bildet einen örtlichen Maßstab ab; die Steuerung der Raumordnung sollte bei deutlich größeren Betrieben ansetzen. Eine „Feinsteuerung" z.B. durch Sortimentsfestlegungen ist regelmäßig unzulässig. Die jeweils gewählten Einschränkungskriterien müssen bestimmt oder objektiv bestimmbar sein.

III. Die Vorgaben des ROG für die „Nutzung" von erneuerbaren Energien

Kommen wir zum dritten Komplex des mir gestellten Themas: Die Vorgaben des ROG für die „Nutzung" von erneuerbaren Energien. Dass erneuerbare Energien künftig eine immer größere Bedeutung spielen sollen, ist allgemein bekannt. Die Bundesregierung hat sich dazu im Rahmen ihrer Energiekonzepte[30] ehrgeizige Ziele gesetzt. Energie aus Wind, Sonne, Wasser, Biomasse und Geothermie soll mit Nachdruck ausgebaut werden. Der Anteil der erneuerbaren Energien am Bruttoenergieverbrauch soll von zurzeit 16 % auf 18 % bis 2020 steigen, bis

30 Energiekonzept der Bundesregierung vom September 2010, veröffentlicht auf der Internetseite der Bundesregierung.

2030 auf 30 %, bis 2040 auf 45 % und bis 2050 auf 60 %. Die Frage lautet also, welchen Beitrag kann und ggf. muss die Raumordnung zur Erreichung dieser Ausbauziele leisten?

1. Nutzungsvorgaben gegenüber öffentlichen Stellen und Privaten sind unzulässig

Der erste zu behandelnde Teilaspekt hat mit der nicht gerade glücklichen Wortwahl meines Vortrages zu tun. Darin ist von Vorgaben des ROG für die Nutzung von erneuerbaren Energien die Rede. Kann in einem Regionalplan den Städten und Gemeinden vorgegeben werden, bis 2020 bei der Energieversorgung ihres Gebäudebestandes mindestens 20 % erneuerbare Energien einzusetzen? Ich glaube, das geht nicht, weil eine solche Festlegung nicht von der Aufgabenstellung für die Raumordnung in § 1 Abs. 1 ROG umfasst wäre. Darin ist von Anforderungen an den Raum, von Nutzungen und Funktionen des Raums, aber nicht von der Nutzung bestimmter Energiearten die Rede. Erst recht wäre eine solche Festlegung gegenüber Privaten unzulässig, weil es ihnen gegenüber zusätzlich am unmittelbaren Durchgriff gegenüber Privaten fehlt, auch wenn deren Planungen oder Maßnahmen raumbedeutsam sind.

2. Schaffung der räumlichen Voraussetzungen für erneuerbare Energien

Eine Legitimation für raumplanerische Festlegungen zugunsten erneuerbarer Energien findet sich in § 2 Abs. 2 Nr. 6 Satz 8 ROG. Danach sind die räumlichen Voraussetzungen für den Ausbau erneuerbarer Energien ... zu schaffen. Erneuerbare Energien brauchen ausreichend Raum, um im geplanten Umfang gewonnen zu werden.[31] Auch wenn uns der technische Fortschritt kontinuierliche Leistungssteigerungen pro einzelner Anlage beschert, ist doch der Raumbedarf für erneuerbare Energien angesichts der ehrgeizigen Ziele schier unermesslich. Die Anlagen für erneuerbare Energien sind überwiegend auf Flächen im raumordnerischen Freiraum angewiesen. Sie sind dort nicht konfliktfrei zu erstellen, sie konkurrieren vielmehr mit anderen Nutzungs- und Funktionsansprüchen an den Raum. Hierfür möglichst konfliktfreie Lösungen zu erarbeiten, ist eine klassische Aufgabe der Raumordnung. Die Raumordnungsplanung hat

31 Vgl. Runkel, in: Bielenberg/Runkel/Spannowsky RuL L, § 2 Rn. 249 ff.

diese Aufgabe für den Bereich Windenergie beherzt, wenn auch mit einigen Anlaufschwierigkeiten angenommen – wiederholt musste das Bundesverwaltungsgericht planerische Gesamtkonzeptionen anstelle von Teilfortschreibungen anmahnen und Negativplanungen einen Riegel vorschieben.[32] Im Energiekonzept der Bundesregierung[33] heißt es dazu: „Um die Potenziale für die Windenergie an Land und andere Formen erneuerbarer Energien optimal erschließen zu können, wird die Bundesregierung eine Initiative auf den Weg bringen, um gemeinsam mit den Ländern und Kommunen die Raumordnungspläne mit dem Ziel weiterzuentwickeln, dass ausreichende Flächen für neue Windenergiegebiete ausgewiesen werden."

Um die räumlichen Voraussetzungen für den Ausbau erneuerbarer Energien zu schaffen, halte ich sogar die Aufstellung eines planerischen Grundsatzes durch den Bund nach § 17 Abs. 1 ROG für erforderlich.[34] Der Bund hat in seinem Energiekonzept für den Ausbau erneuerbarer Energien ehrgeizige Ziele formuliert. Er unterliegt damit der Nachweispflicht, dass dafür in Deutschland die räumlichen Voraussetzungen gegeben sind. Das erfordert nicht nur eine Potenzialanalyse geeigneter Räume für bestimmte erneuerbare Energien, wie sie das Bundesinstitut für Bau-, Stadt- und Raumforschung bereits vorgelegt hat,[35] sondern auch Restriktionsanalysen. Da ein solcher Plan des für Raumordnung zuständigen Bundesministeriums der Beratungspflicht in der Ministerkonferenz für Raumordnung unterliegt,[36] kann ein solcher Plan dazu genutzt werden, zwischen Bund und Ländern einheitliche Kriterien für Potenzial- und Restriktionsanalysen aufzustellen. Im Ergebnis würde ein solcher Plan, auch wenn es sich dabei nur um einen zu berücksichtigenden planerischen Grundsatz handelt, zu mehr Verteilungsgerechtigkeit bei den erneuerbaren Energien zwischen den Ländern und Regionen führen und in den betroffenen Regionen die Akzeptanz für entsprechende Festlegungen erhöhen, weil sie auf bundeseinheitlichen Kriterien beruhen.

---

32 Vgl. BVerwGE 77, 300; BverwG, NVwZ-RR 1997, 523; BVerwGE 118, 33; BverwG, NVwZ 2003, 1261.

33 Vgl. Fn. 30.

34 Zu den Voraussetzungen für einen solchen Plan vgl. Runkel, in: Spannowsky/Runkel/Goppel Komm. zum ROG, § 17 Rn. 11 ff.

35 Vgl. BBSR-Berichte Kompakt 13/2010.

36 Vgl. § 17 Abs. 1 i.V.m. § 26 Abs. 1 und 4 ROG.

3. Steuerung raumbedeutsamer Vorhaben Privater zur Erzeugung erneuerbarer Energien im Außenbereich

Der Raumordnung fehlt es – so hat es das Baurechtsgutachten des Bundesverfassungsgerichts von 1954 festgestellt[37] – am bodenrechtlichen Durchgriff. Festlegungen in Raumordnungsplänen entfalten daher aus dem Kompetenztitel der Raumordnung heraus keine Rechtswirkungen gegenüber raumbedeutsamen Vorhaben Privater im Außenbereich. Anders verhält es sich aber dann, wenn fachgesetzliche Raumordnungsklauseln insbesondere raumordnerischen Festlegungen mit Zielqualität Rechtswirkungen zuweisen. Dann sind solche fachgesetzlichen Raumordnungsklauseln wie § 35 Abs. 3 Satz 2 und 3 BauGB auch Legitimation für entsprechende Festlegungen in Raumordnungsplänen, die sich unmittelbar mit der Zulässigkeit entsprechender raumbedeutsamer Vorhaben befassen. Das betrifft aus dem Bereich der erneuerbaren Energien z. B. die raumbedeutsamen Anlagen zur Nutzung der Wind- oder Wasserenergie nach § 35 Abs. 1 Nr. 5 in Verbindung mit mit § 35 Abs. 3 Satz 3 BauGB.

Bei den privilegierten Biomasseanlagen nach § 35 Abs. 1 Nr. 6 BauGB stellt sich für eine Steuerung durch Raumordnungsplanung die Frage nach ihrer Raumbedeutsamkeit. Diese wird für eine einzelne Anlage nur schwer zu begründen sein. Die Raumbedeutsamkeit kann sich aber aus einer räumlichen Massierung verschiedener Einzelanlagen ergeben. Die Stichworte sind Raumbedeutsamkeit wegen Vorbelastung des Gebiets oder aufgrund negativer Vorbildwirkung.[38] Biomasseanlagen, die die Privilegierungsvorgaben z. B. hinsichtlich ihrer Leistungskapazität überschreiten, sind sonstige Vorhaben im Außenbereich nach § 35 Abs. 2 BauGB,[39] die nicht in den Außenbereich gehören, sondern wie andere Betriebe in Industrie- oder Sondergebieten zulässig sind. Insoweit unterliegen sie der Steuerungsmöglichkeit durch Festlegungen in Raumordnungsplänen als Vorgaben für die kommunale Bauleitplanung.

Das Besondere an solchen raumordnerischen Festlegungen mit Zielqualität, die nicht nur die kommunale Bauleitplanung, sondern auch raumbedeutsame Vorhaben Privater im Außenbereich steuern sollen, ist, dass sie hinsichtlich ihrer Bestimmtheit oder Bestimmbarkeit konkreter gefasst sein müssen als entsprechende Ziele, die sich nur an die kommunale Bauleitplanung richten. Die

37 BVerfGE 3, 407.

38 Vgl. Runkel, in: Spannowsky/Runkel/Goppel Komm. zum ROG, § 3 Rn. 107.

39 Vgl. Söfker, in: Ernst/Zinkahn/Bielenberg/Krautzberger Komm zum BauGB, § 35 Rn. 59.

Bestimmtheit oder Bestimmbarkeit ist dann aus der Sicht des konkreten Zulassungsverfahrens zu beurteilen.

4. Die räumlichen Erfordernisse für eine kostengünstige, sichere und umweltverträgliche Energieversorgung einschließlich des Ausbaus von Energienetzen

Die gesetzlichen Grundsätze der Raumordnung fordern in § 2 Abs. 2 Nr. 4 Satz 5 ROG auch dazu auf, den räumlichen Erfordernissen für eine kostengünstige, sichere und umweltverträgliche Energieversorgung einschließlich des Ausbaus von Energienetzen Rechnung zu tragen.[40]

Dies kann die Standorte für Kraftwerke und Umspannwerke betreffen. Ein besonderer Bedarf besteht am Ausbau von Energienetzen, für die Trassen bestimmt werden müssen. Dies gilt insbesondere für das Höchstspannungsnetz zur Anbindung von Strom aus erneuerbaren Energien, insbesondere aus Windenergie, an die Verbraucherzentren. So hat sich nach den Netzstudien der Deutschen Energieagentur (Dena) der Bedarf an neuen Höchstspannungsleitungen zwischen 2005 und 2010 bereits verdoppelt. Lag der Ausbaubedarf 2005 noch zwischen 850 und 2015 Kilometern, kletterte er 2010 bereits auf 1700 bis 3600 Kilometer, wovon in der Zwischenzeit erst 90 Kilometer gebaut worden sind.[41]

Bei Festlegungen für Energietrassen nach § 8 Abs. 5 Satz 1 Nr. 3 Buchstabe b) ROG muss die für die Raumordnung zuständige Stelle genau bestimmen, an wen sich die Festlegung richtet, und was genau festgelegt wird. Soll es sich bei der Standortfestlegung für eine Energietrasse nur um ein sogenanntes Freihalteziel im Sinne raumordnerischer Standortvorsorge handeln,[42] das sich bindend nur an die Träger aller anderen raumbedeutsamen Planungen und Maßnahmen richtet, gegenüber der Planfeststellung für das Kraftwerk oder Energienetz aber nur als Angebotsplan gedacht ist, oder soll auch für die Planfeststellung über den Trassenverlauf eine bindende Standortfestlegung erfolgen? Dem Selbstverständnis der Raumordnung sollte es entsprechen, wie gegenüber der Flughafenplanung[43] auch gegenüber der Planung von Kraftwerksstandorten und Energie-

40 Vgl. Runkel, in: Bielenberg/Runkel/Spannowsky RuL L, § 2 Rn. 183.

41 Vgl. dena Netzstudie Februar 2005; dena- Netzstudie II. Januar 2011, veröffentlicht auf der Internetseite der dena.

42 Vgl. Runkel, in: Spannowsky/Runkel/Goppel Komm. zum ROG, § 1 Rn. 75.

43 Vgl. BverwG, NVwZ 2006, 1055.

netzen verbindliche Standortentscheidungen zu treffen, zumal wenn ihre Umsetzung dringlich ist.

Ein neues Problem bei den Trassen für Stromleitungen bildet der neue Grundsatz des § 2 Abs. 2 Nr. 3 Satz 4 ROG, demzufolge dem Schutz kritischer Infrastrukturen Rechnung zu tragen ist.[44] Das Höchstspannungsnetz zählt zu diesen kritischen Infrastrukturen insbesondere was die Gefahr terroristischer Angriffe betrifft. Dies erschwert die Bildung von Korridoren zur Bündelung von Leitungen in Raumordnungsplänen. Dennoch führt im Rahmen einer Gesamtabwägung regelmäßig kein Weg an einer Bündelung vorbei; dem Schutz kritischer Infrastrukturen ist in aller Regel auf andere Weise Rechnung zu tragen.

5. Schlussfolgerungen und Thesen

Ich komme auch hinsichtlich der erneuerbaren Energien zu den Schlussfolgerungen und Thesen.

These 9: Der von der Bundesregierung angestrebte massive Ausbau erneuerbarer Energien ist hinsichtlich der räumlichen Voraussetzungen auf die Unterstützung durch die Raumordnungsplanung angewiesen. Damit dieser Ausbau nicht mit anderen Nutzungen und Funktionen des Raums in Konflikt gerät, bedarf es der planerischen Vorsorge. Die Erforderlichkeit entsprechender Festlegungen ist daher grundsätzlich zu bejahen.

These 10: Da es sich beim raschen Ausbau erneuerbarer Energien um eine Aufgabe von nationaler Bedeutung handelt, für die sich die Bundesregierung auf ehrgeizige Ausbauziele verständigt hat, ist auch ein Raumordnungsplan des Bundes nach § 17 Abs. 1 ROG zulässig, der den gesetzlichen Grundsatz des § 2 Abs. 2 Nr. 6 Satz 8 ROG als planerischen Grundsatz konkretisiert. Ein solcher Plan hätte den Vorteil, dass die räumliche Umsetzbarkeit der Wachstumsziele für erneuerbare Energien nachgewiesen werden kann und zusammen mit den Ländern im Rahmen der Ministerkonferenz für Raumordnung einheitliche Kriterien für die Festlegung unterschiedlicher Gebiete für erneuerbare Energien entwickelt werden können. Dies führt zu einer besseren Verteilungsgerechtigkeit zwischen den Regionen und zu einer höheren Akzeptanz bei den Bürgern, da in allen Regionen einheitliche Maßstäbe für die Festlegung von Räumen für erneuerbare Energien zur Anwendung gelangen.

44 Vgl. Runkel, in: Bielenberg/Runkel/Spannowsky RuL L, § 2 Rn. 143.

These 11: Der Bau zusätzlicher Energieleitungen zur Anbindung des Stroms aus erneuerbaren Energien an das Höchstspannungsnetz ist eine weitere Zukunftsaufgabe im Bereich der Energiepolitik. Die Raumordnungsplanung kann bei der Trassenfindung und deren Festlegung wertvolle Hilfestellungen leisten, sollte aber darauf achten, nicht nur sogenannte „Freihalteziele", sondern für die entsprechenden Planfeststellungsverfahren zu beachtende räumliche Vorgaben festzulegen.

These 12: Hinsichtlich anderer Arten erneuerbarer Energien besteht zurzeit noch kein genereller raumordnerischer Handlungsbedarf. Die Entwicklung der räumlichen Anforderungen, insbesondere der energetischen Nutzung von Biomasse, ist sorgfältig zu beobachten.

Übersicht über die bisher erschienenen Titel

Vergaberecht in der städtebaulichen Planung
122 Seiten · 2008 · ISBN 978-3-93 98 04-51-2 · Preis € 38,–

Umweltrechtliche Einflüsse in der städtebaulichen Planung
244 Seiten · 2009 · ISBN 978-3-93 98 04-73-4 · Preis € 58,–

Mobilisierung von Baulücken und Leerstandspotenzialen
112 Seiten · 2009 · ISBN 978-3-869 65-013-5 · Preis € 36,–

Entschädigung und Haftung in der städtebaulichen Planung
184 Seiten · 2009 · ISBN 978-3-869 65-125-5 · Preis € 42,–

Die Abwägung – das Herzstück der städtebaulichen Planung
156 Seiten · 2010 · ISBN 978-3-869 65-140-8 · Preis € 39,–